Experimentelle Produktentwicklung

Nils Stotz

Experimentelle Produktentwicklung

Wie Unternehmen ihre Strategien
systematisch validieren können

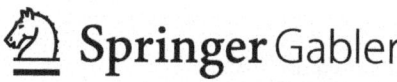

Nils Stotz
Heidelberg, Deutschland

ISBN 978-3-662-65466-8   ISBN 978-3-662-65467-5 (eBook)
https://doi.org/10.1007/978-3-662-65467-5

Die Deutsche Nationalbibliothek verzeichnet diese Publikation in der Deutschen Nationalbibliografie; detaillierte bibliografische Daten sind im Internet über http://dnb.d-nb.de abrufbar.

Lektorat/Planung: Mareike Teichmann
Springer Gabler ist ein Imprint der eingetragenen Gesellschaft Springer-Verlag GmbH, DE und ist ein Teil von Springer Nature.
Die Anschrift der Gesellschaft ist: Heidelberger Platz 3, 14197 Berlin, Germany

Vorwort – Die Jagd nach der richtigen Entscheidung

Im Jahre 1994 wurde mit der Planung des Large Hadron Collider am Kernforschungszentrum CERN in Genf begonnen. Der Large Hadron Collider ist ein Teilchenbeschleuniger, der es erlaubt, Experimente aus der Teilchenphysik durchzuführen. Die zentrale Komponente dieses Teilchenbeschleunigers ist ein 26,7 Kilometer langer unterirdischer Ringtunnel. Der Bau und die Realisierung des Projekts dauerte fast zwei Jahrzehnte und kostete ungefähr 7,5 Millionen Euro. Auf einer Pressekonferenz wurde David Kaplan, ein Teilchenphysiker, einmal gefragt, wie genau man so ein Projekt rechtfertigen könnte und was der ökonomische Nutzen eines solchen Projekts ist. David Kaplan antwortete, dass er es nicht wisse, weil es hier um eine solch grundlegende Frage ginge, von deren Beantwortung man noch gar nicht abschätzen könne, welche Folgen sie für die Wissenschaft und auch für die Menschheit hat. Beispielsweise wurden Radiowellen bereits 1867 vorhergesagt, 1886 experimentell nachgewiesen, aber erst im frühen 20. Jahrhundert kommerziell verwendet. Vor der kommerziellen Nutzung wurden sie auch nicht als Radiowelle bezeichnet, sondern wurden nur als eine Art Strahlung angesehen.

Diese Szene aus der Dokumentation „Particle Fever – Die Jagd nach dem Higgs" hat mich aus mehreren Gründen beeindruckt. Man stelle sich vor, dass eine ganze Disziplin der Physik an einem Thema arbeitet und versucht, theoretisch zu begründen, wie sich ein bestimmtes Modell verhalten muss, dass die Antwort und die Bestätigung aber nur durch ein solches Projekt möglich sind. Nur durch ein durchgeführtes Experiment, das die Zahlen und Fakten schwarz auf weiß liefert, kann darüber entschieden werden, welche Theorie tatsächlich die Wahrheit beschreibt und wer mit seinem Modell richtigliegt. Absolute Schlussfolgerungen zur Kausalität lassen sich nur von experimentellen Studien und nicht von theoretischen oder Beobachtungsstudien ableiten. Außerdem ist es selten, dass ein hochrangiger Funktionsträger einfach zugibt, dass es nicht wirklich einen Business Case gibt. Die Idee eines Experiments ist zunächst einmal, dass eine Hypothese bestätigt oder nicht bestätigt wird. Das Schöne dabei ist, dass beide Ergebnisse einen Erfolg darstellen, weil Erfolg und Nichterfolg die falschen Kategorien für ein Experiment sind und vielmehr in der Währung „Erkenntnisse" gedacht werden sollte.

Diese Ansichten und Aussagen lassen sich recht einfach auch auf ein wirtschaftliches Unternehmen übertragen und auf die Entscheidungen, die dort getroffen werden müssen.

In meiner beruflichen Karriere habe ich bereits sehr viele Unternehmensphasen aktiv mitgestaltet oder habe Unternehmen beraten. Dabei habe ich nahezu alle Marketingkanäle kennengelernt, viele verschiedene Produktfeatures von der Idee bis zur fertigen Umsetzung betreut und mit sehr vielen unterschiedlichen Teams zusammengearbeitet. Dabei habe ich immer wieder bestimmte Muster festgestellt im Besonderen, welche Aussagen bei den Teams und Unternehmen Zustimmung finden und teilweise sogar einen Aha-Effekt auslösen. Es war die Idee des Experimentierens. Erhebliche Mengen an Zeit können gespart und frustrierende Workshops sowie Meetings beendet werden, wenn eine Führungskraft zugibt, dass sie eigentlich nicht weiß, ob die eigene Überzeugung richtig ist, dass eigentlich niemand im Raum weiß, welche Überzeugung und welche Idee richtig ist, und dass der einzige gangbare Weg ist, eine Entscheidung auf Basis von Daten zu treffen, die verschiedenen Überzeugungen und Hypothesen zu testen und damit zu experimentieren.

Diese erste Erkenntnis zu erklären und zu kommunizieren, gelingt üblicherweise recht gut und findet die Zustimmung der meisten Beteiligten. Doch nachdem dieser erste Schritt getan ist und damit im Grunde die strategischen Fundamente des Unternehmens gelegt hat, folgt etwas Merkwürdiges. Bei manchen bleibt diese Zustimmung erhalten und bei anderen weicht sie einer Ablehnung. Gerade Führungskräfte mit viel Erfahrung wehren sich nicht gegen die grundsätzliche Erkenntnis, wie man Entscheidungen treffen sollte, aber sie wehren sich, wenn es dann zur Umsetzung kommt – also wenn es darum geht, wie man dieses strategische Element des Experimentierens tatsächlich im Unternehmen leben will. Erst nach und nach habe ich verstanden, warum es zu diesen Verhaltensweisen kommt. Denkt man diesen Managementansatz nämlich weiter, hat dieser nicht nur Auswirkungen auf die Produktentwicklung oder wie man Marketingkanäle betreut. Vielmehr hat er auch Auswirkungen auf die Roadmap, die generelle Produktentwicklung, die technische Infrastruktur, die Einstellung neuer Mitarbeiter und so weiter. Es ist einfach, der generellen Aussage zuzustimmen, aber es ist schwierig, sie wirklich umzusetzen. Viele gehen lieber den einfachen Weg und möchten eher den Status quo erhalten.

Ein Grund hierfür ist sicherlich die große Unsicherheit, die mit diesem neuen Ansatz einhergeht. Dabei ist es mittlerweile bei Weitem kein Ritt ins Ungewisse mehr, ein Unternehmen strategisch auf die Basis von Experimenten auszurichten. Alle großen Tech-Unternehmen haben es bereits getan und tauschen sich sogar regelmäßig über Best Practices aus. Produktmanager berichten davon, wie sie die Experimente prozessual in ihr Unternehmen einbetten und welche Herausforderungen es dabei gibt. Immer mehr Softwareanbieter erlauben es auf immer einfachere Weise, Elemente des Produkts auszuprobieren. Und unzählige Blogbeiträge und Online-Kurse bieten Hilfe zu jedem Aspekt des Experimentierens an. Es gibt diese Informationen also schon, aber sie sind noch nicht eingeordnet und mit praktischen Erfahrungen zusammengeführt. Dieses Buch dient dazu, genau dies zu tun und dabei zu helfen, eine Organisation aufzubauen, die sich strategisch auf die Entscheidungsfindung durch Experimente ausrichtet. Das Buch richtet sich keinesfalls nur an Produktmanager oder Entscheidungsträger, sondern vielmehr an alle Mitarbeiter und Unternehmer, die am Aufbau eines modernen Unternehmens interessiert sind.

Dieses Thema hat mein berufliches Profil sehr geprägt und daher freut es mich besonders, dieses Buch zu veröffentlichen und ein Fundament mit meinen strategischen Empfehlungen und Handlungen zu liefern, das hoffentlich viele – auch kulturelle – Diskussionen anregt und eine Orientierungshilfe sowohl für Start-ups als auch für etablierte Unternehmen liefern kann.

Inhaltsverzeichnis

Abbildungsverzeichnis

Teil I

Experimentation als Strategie

Die erste Sektion beschreibt, wie sich die Strategie von Unternehmen verändert, wenn Experimente als zentrale Quelle der Entscheidungsfindung verwendet werden, anstatt sich auf Beobachtungen zu verlassen. Insbesondere werden dabei die Grundzüge eines Experiments erklärt und beschrieben, welche alternativen Mittel Unternehmer zur Verfügung haben, um Entscheidungen zu treffen. Zudem wird dargelegt, welche Rolle das Stadium des Unternehmens für eine experimentelle Herangehensweise spielt. Anschließend werden die Funktionen von Experimenten erklärt und welche Vorteile sie insbesondere für die unternehmerische Strategieentwicklung bieten.

Entscheidungsfindung durch Experimente

1

1.1 Das Experiment als Strategie

Es ist schon erstaunlich, dass immer wieder diese fünf Unternehmen angeführt werden, wenn es um innovative Geschäftsentwicklung, strategische Unternehmensführung oder beispielhafte Organisation geht. Google, Amazon, Facebook, Apple und Microsoft (GAFAM) sind eigentlich noch sehr junge Unternehmen und haben es trotzdem geschafft, Unternehmen mit einer jahrhundertelangen Geschichte in allen Belangen hinter sich zu lassen.

Zahlreiche Studien beschäftigen sich systematisch damit zu erklären, warum die Erfolge dieser Unternehmen logisch waren und was genau sie richtig und besser als die anderen gemacht haben. Die Antworten sind recht unterschiedlich und oft wird sicher auch die technologische Ausrichtung als Grund für den Erfolg der Unternehmen angeführt. Das ist allerdings etwas zu verkürzt gedacht, denn natürlich gab es eine Vielzahl von Unternehmen, die letztlich versucht haben, das identische Geschäftsmodell zu etablieren wie das der GAFAM. Es muss also noch eine andere, eine strategische Komponente geben.

Richard Rumelt definiert in seinem Buch „Good Strategy, Bad Strategy", dass Strategie aus drei Elementen besteht (Rumelt 2017): einer Diagnose, einer Leitlinie und einer Reihe von Maßnahmen. Eine Diagnose aufstellen ist oft schwierig und erfordert intensive Forschung. Die Diagnose kann sich dabei auf das eigene Unternehmen beziehen oder auf den Markt selbst. Die Reihe von Maßnahmen leitet sich zumeist von den beiden anderen Elementen ab. Das interessanteste Element ist jedoch die Leitlinie. Die entscheidende Frage ist, welche Leitlinien, welches Prinzip und welche Unternehmenskultur die fünf genannten Unternehmen wohl in ihrer Organisation angewendet haben.

Mehrere berühmte Zitate von zentralen Figuren dieser Unternehmen deuten an, welche Philosophie hinter dem Erfolg dieser Unternehmen stecken könnte (siehe Abb. 1.1).

N. Stotz, *Experimentelle Produktentwicklung*, https://doi.org/10.1007/978-3-662-65467-5_1

Name	Unternehmen	Zitat
Mark Zuckerberg	Facebook	„Eines der Dinge, auf die ich besonders stolz bin, ist der Schlüssel zu unserem Erfolg, dieses Test-Framework. Zu einem bestimmten Zeitpunkt läuft nicht nur eine Version von Facebook. Es sind wahrscheinlich 10.000."
Larry Page	Google	„Unsere Firmenkultur ermutigt Mitarbeiter, zu experimentieren und all ihre Ideen fließen zu lassen."
Jeff Bezos	Amazon	„Unser Erfolg bei Amazon ist eine Funktion, wie viele Experimente , die wir pro Jahr tun, pro Monat, pro Woche, pro Tag."
Satya Nadella	Microsoft	„Manche nennen es schnelle Experimentierung, wir nennen es Hypothese überprüfen. Anstatt zu sagen 'Ich habe eine Idee', wie wäre es zu sagen 'Ich habe eine neue Hypothese, lasst sie uns testen und sehen wie schnell wir sie validieren können'."

Abb. 1.1 Zitate der großen Technologiefirmen

Es ist zunächst etwas schwieriger zu verstehen, warum die Idee von Experimenten ein wichtiger Teil der Strategie jedes modernen Unternehmens sein sollte. Man mag zunächst annehmen, dass gerade Experimente eher nur einen kleinen Ausschnitt abbilden und gerade nicht in das große Bild der Strategie passen. Leitlinie einer Unternehmensstrategie sollte immer auch das hypothesenbasierte Arbeiten sein, denn natürlich wird bei Erstellung einer Strategie zunächst eine Diagnose gestellt. Man kann eine Stärke des eigenen Unternehmens feststellen und diese ausnutzen, eine noch nicht ausgeschöpfte Möglichkeit im Markt sehen oder aber eine Schwäche in der Konkurrenz, die man ausnutzt. Doch genau diese Annahmen sind wiederum nichts anderes als Hypothesen, die es erfordern, dass jemand an sie glaubt und bereit ist, diese Hypothesen zu überprüfen.

Aber wenn nichts klar ist und nur das tatsächliche Ausprobieren und Experimentieren mit Hypothesen eine Schlussfolgerung und Entscheidung zulassen, warum muss man sich darüber überhaupt Gedanken machen? Die Antwort hierauf ist ganz einfach: weil man selbst beim Ausprobieren und Experimentieren sehr viele Fehler machen kann (Thomke 2020a). Das wissenschaftliche Experimentieren selbst wurde zwar schon vor vielen Jahrhunderten eingeführt, aber es entwickelt sich stetig weiter. Erst allmählich schafft es diese Methodik auch in den Management- und Wirtschaftskontext und hier ergeben sich bereits neue Probleme und Abwandlungen sind nötig, um dieser Disziplin gerecht zu werden.

Wie schaffe ich es, möglichst schnell herauszufinden, ob meine unternehmerische Hypothese stimmt oder ob ich sie verwerfen soll? Versteht man jede kritische Entscheidung, die sich beim Führen eines Unternehmens ergibt, als eine Aussage, die man ultimativ durch das Ausprobieren verschiedener Hypothesen lösen kann, dann fällt es leichter, auch zu verstehen, dass dieses Experimentieren eine gewisse Methodik erfordert. Die Kultur und Methodik des Experimentierens zu verstehen und zu verbessern ist der Kern jedes modernen und erfolgreichen Unternehmens und auch eine Disziplin für jedes Management Team.

1.2   Was macht ein Experiment aus

Das Experimentieren und die Methoden rund um das Experimentieren haben eine sehr lange Geschichte. In diesem Buch wird idealerweise immer von einem kontrollierten Experiment ausgegangen. Diese kontrollierten Experimente haben viele verschiedene Namen, um nur einige zu nennen (Kohavi et al. 2020):

- A/B-Test
- A/B/n-Tests
- Split-Tests
- Feldversuche
- Randomisierte Kontrollexperimente
- Bucket-Tests

Im Kern bzw. in der simpelsten Form eines Experiments geht es immer darum, dass Versuchsobjekte (bzw. im wirtschaftlichen Kontext häufig Nutzer, Einkäufer, User oder Ähnliche) willkürlich aufgeteilt werden. Die verschiedenen Gruppen bekommen dabei exakt die identische Behandlung bis auf eine einzige Ausnahme. Diese Ausnahme kann dann erklären, ob die unterschiedliche Behandlung zu einem anderen Resultat führt. Die Vorgehensweise kann an einem bekannten Beispiel verdeutlicht werden:

Zwei Blumentöpfe

Man nehme zwei verschiedene Blumentöpfe. Die Blumentöpfe haben exakt die gleiche Größe, bestehen aus dem identischen Material und enthalten die exakt identische Menge an Erde. In jedem dieser Töpfe werden nun zehn identische Bohnensamen eingelegt, womit zwei vollkommen identische Versuchsobjekte entstehen. Diese beiden Versuchsobjekte werden nun aufgeteilt: Der eine Blumentopf wird täglich mit Wasser gegossen, der andere nicht. Nach einiger Zeit wird gezählt, wie viele der Bohnensamen tatsächlich gekeimt hat. Wird nun festgestellt, dass bei dem einen Blumentopf neun von zehn Samen gekeimt haben und bei dem anderen kein einziger Samen, dann kann dem Wasser ein Effekt zugeschrieben werden.

Dieses für Kinder erdachte Beispiel eines Experiments zeigt, wie einfach ein Experiment sein kann. Es deutet aber auch an, wie viele Elemente selbst ein simples Experiment haben kann und wie schwierig es werden kann, alle grundlegenden Methoden des Experimentierens auf größere Experimente anzuwenden. ◄

Der Versuchsaufbau, gerade im komplexen wirtschaftlichen Kontext, ist von entscheidender Bedeutung. Nur wenn die Ergebnisse aus einem Experiment mit absoluter Sicherheit für seine Entscheidungsfindung abgeleitet werden können, hilft dieses Experiment auch weiter. Andernfalls wird das Experiment zu falschen Entscheidungen führen oder sogar methodisch von Entscheidungsträgern hinterfragt werden. Gerade diese methodischen Diskussionen im Rahmen einer strategischen Diskussion sind sinnvoller und wichtiger als das Gegenüberstellen von Behauptungen und unbewiesenen Hypothesen, die letztlich von der Überzeugungskraft der jeweiligen Vertreter abhängen.

1.3   Alternativen für die Entscheidungsfindung

Es ist allerdings ebenso wichtig, über die Alternativen für die Entscheidungsfindung in Unternehmen und im wirtschaftlichen Kontext zu sprechen. Das Experimentieren als unternehmerische Leitlinie oder als strategisches Framework ist nicht das einzige Mittel, das Entscheidungsträger haben, um zur Entscheidung zu finden (siehe Abb. 1.3).

Zunächst einmal können Unternehmer einfach auf ihre eigene Erfahrung zurückgreifen bzw. auf ihr unternehmerisches Gefühl vertrauen, ohne etwas erst zu testen oder auszuprobieren. Hierfür wird gerne Steve Jobs angeführt, der seine Ideen angeblich nicht ausprobiert hat, sondern allein sein Produkt-Gefühl genutzt hat, um wichtige Entscheidungen zu treffen. Es kann hierbei sogar argumentiert werden, dass gerade bei neuen und innovativen Ideen ein experimenteller Prozess ohne jegliche Kreativität oder Innovation sogar ein Hindernis für das unternehmerische Handeln darstellt.

Genau das Gegenteil ist der Fall. Alle Quellen für neue innovative und radikale Ideen gelten weiterhin. Der Unternehmer muss weiterhin seine Intuition nutzen, Nutzerfeedback oder Marktdaten analysieren. Aber bevor er darauf vertraut, sollte er versuchen, seine Ableitungen aus diesen Quellen zu validieren, und das gelingt nur mit Experimenten und rigorosen Tests (Thomke 2020a). Intuition und Experimente sind also keine Alternativen, sondern sie profitieren voneinander. Es gibt darüber hinaus zahlreiche Beispiele für kolossale Fehleinschätzungen von Experten und Entscheidungsträgern. Steve Ballmer, der damalige CEO von Microsoft, lachte, als er zur Einschätzung des 500 Euro teuren iPhones befragt wurde. Er glaubte also nicht daran, dass sich dieses Gerät am Markt halten wird, aber Steve Jobs von Apple glaubte daran. Und so verschieden können die Hypothesen auch von Experten sein. Im Besonderen gilt dies für Innovationen und neue Geschäftsmodelle. Erfahrung hilft nicht, ein neues Modell zu kreieren, weil es eben neu ist und in dieser Form noch nicht existiert.

Generell ist es für Menschen sehr schwierig, Vorhersagen zu treffen. Kognitive Verzerrungen sind ein Sammelbegriff für fehlerhafte Neigungen beim Wahrnehmen, Erinnern, Denken und Urteilen, die zumeist unbewusst bleiben (Ariely 2008). Beispielsweise der sogenannte Rückschaufehler beschreibt, dass ein Ereignis, das bereits eingetreten ist, so bewertet wird, als sei vorauszusehen gewesen, dass es zu diesem Ereignis kommen wird. Der Rückschaufehler wird häufig im Zusammenhang mit dem Versagen von staatlichen Institutionen beobachtet. Kommt es beispielsweise im Laufe einer Beziehung zwischen zwei Menschen zu einem Mord, dann werden oft von Angehörigen die Interaktionen zwischen den beiden Partnern anders bewertet als noch zuvor. Mit dem Wissen, dass der Mord geschah, werden sie anders bewertet und lassen die Angehörigen auch zu anderen Schlussfolgerungen kommen, obwohl das Verhalten objektiv gesehen eigentlich nicht besonders darauf hindeutete, dass eine Gewalttat folgen wird. Im Rahmen von Produktentscheidungen lässt das auch Entscheidungsträger selbstbewusster wirken, die beispielsweise mit dem Wissen, dass etwas sich auf eine bestimmte Art entwickelt hat, glauben, das immer schon gewusst oder gesagt zu haben.

Es gibt eine Vielzahl von Beispielen dieser Art von Verzerrungen, die belegen, dass es auch für sehr erfahrene Menschen und Experten schwer ist, etwas vorauszusagen. Hierfür gibt es einige typische Aussagen, die auf diese Verzerrungen hindeuten (siehe Abb. 1.2). Die meisten Menschen erkennen dies nicht und es kommt zu diesen Verzerrungen. Ein schönes Gegenbeispiel liefert jedoch Peep Laja, Gründer von CXL, der einmal gesagt hat, dass er seit fast 20 Jahren Website Optimization macht, und wenn er zwei verschiedene Webseiten vor sich hat, nur zu 60 % richtig voraussagen kann, welche Seite eine bessere Conversion erzeugt (Laja 2020). Er liegt also nach 20 Jahren in einem bestimmten Bereich mit seinen Voraussagungen etwas besser als ein Münzwurf. Das allein sollte ein gutes Argument dafür sein, warum man lieber auf Experimente vertrauen sollte, als lediglich mit Experten zu sprechen.

Eine andere Quelle, um eine Entscheidung zu treffen, ist das Lernen von der Konkurrenz. Der Entscheidungsträger schaut sich an, was bei anderen Unternehmen bereits funktioniert oder nicht funktioniert, und leitet daraus ebenfalls seine Schlüsse für eine Entscheidung ab. Auch hier eignen sich diese Schlüsse als Ideen wunderbar, doch zumeist ist

Aussage	Erklärung
„Nein, so etwas habe ich nie gesagt."	Keine Erinnerung, eine Prognose oder Aussage getätigt zu haben.
„Damit konnte ja keiner rechnen."	Es war völlig unvorhersehbar, dass genau dieses Ergebnis eintritt
„War ja klar, dass das so kommt. Auf mich hat wieder keiner gehört."	Es war unausweichlich, dass es genau zu diesem Ergebnis kommt

Abb. 1.2 Zusammenfassung kognitiver Verzerrungen

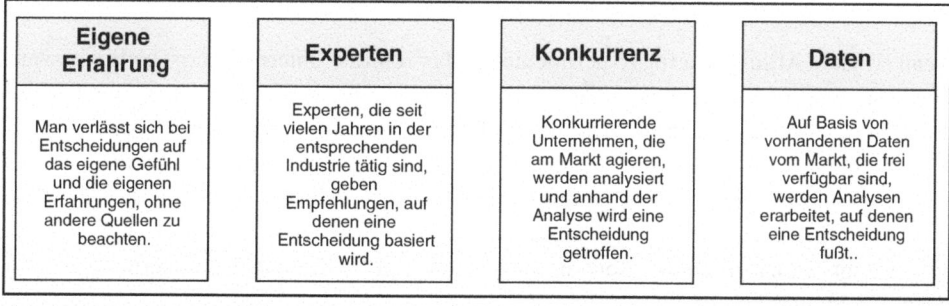

Abb. 1.3 Alternative Quellen zur Entscheidungsfindung

es schwierig, diese Ableitungen ohne Fehler zu treffen und alle Unterschiede zwischen den Unternehmen zu beachten. Egal, wie identisch Unternehmen oder Märkte erscheinen mögen, es wird immer einige Variablen geben, die eben nicht identisch sind und die letztlich dazu führen, dass es zu einem anderen Resultat kommt.

Eine weitere Alternative zur Entscheidungsfindung ist, sich nur die Daten anzuschauen, um Antworten auf Fragen zu finden (Thomke 2020a). Die Menge an Daten, die heutzutage zur Verfügung steht, und die Art und Weise, wie diese Daten analysiert werden können, können auch dabei unterstützen, Entscheidungen zu treffen. Die Aussagen, dass sich die Analyse von Daten und die Existenz von Daten gerade in den letzten Jahrzehnten drastisch verbessert haben, ist sicherlich richtig. Allerdings gibt es einige Probleme, wenn man Daten immer für Entscheidungen heranzieht.

Zunächst einmal gilt hier das identische Argument wie zuvor bei der Erfahrung. Zumeist sind unternehmerische Entscheidungen zwar ähnlich gelagert und scheinen manchmal sogar identisch, sie sind es letztlich jedoch nicht. Es kann der Eindruck entstehen, dass hierfür bereits Daten vorhanden sind, die zurate gezogen werden können. Dies ist jedoch ein Fehlschluss, denn gerade für innovative Entscheidungen werden diese Daten nicht vorhanden sein. Es geht bei diesen Entscheidungen um etwas, das noch nie zuvor in dieser Art entschieden werden musste, entsprechend sind hierfür auch noch keine Daten vorhanden.

Zudem wird häufig von Korrelation auf Kausalität geschlossen und eine sogenannte Scheinkausalität angenommen (Thomke 2020b), wie das schöne Beispiel, dass Störche, die im Frühjahr zurückkehren, mehr Geburten verursachen, veranschaulicht. Zwar gibt es einen regionalen Zusammenhang zwischen der Anzahl der Störche und der Anzahl der Geburten, allerdings lässt diese Schlussfolgerung andere Faktoren außer Acht, denn Störche gibt es häufiger in ländlichen Umgebungen und weniger in städtischen Umgebungen. Diese entscheidenden Faktoren müssen also ebenfalls berücksichtigt werden. Dieses Beispiel zeigt anschaulich, dass es sich bei dieser Art von Schlussfolgerung um reine Beobachtungen und nicht um Experimente handelt, denn die Experimente hätte man so anordnen müssen, dass genau eine Variable isoliert betrachtet werden kann.

1.4 Unternehmensalter und Industrie

Wenn so viele Argumente für Experimente als das zentrale unternehmerische Framework sprechen, wieso werden diese dann nicht stärker im strategischen Management angewandt? Wieso gibt es trotzdem noch Unternehmer, die an alternative Quellen der Entscheidungsfindung bedingungslos glauben und die nicht hypothesenbasiert arbeiten? In der heutigen Zeit und gerade bei jüngeren Unternehmen ist durchaus bekannt, dass eine auf Experimenten basierende Strategie tatsächlich zu besseren Ergebnissen führt. Die Schwierigkeit liegt jedoch in der Umsetzung und welche Rolle die Art des Unternehmens bei dieser Umsetzung spielt.

Werden die Größe und Entwicklung des Unternehmens betrachtet, so wird häufig angenommen, dass es zwei Abschnitte im Lebenslauf von Unternehmen gibt. In dem häufig als Innovationsphase bezeichneten Zeitraum geht es darum, erste Nutzer zu bekommen, die das Produkt lieben und mit ihren Liebsten darüber reden, hier gibt es weniger Traktion innerhalb des Produkts. Ab dem sogenannten Product-Market-Fit, also einem Punkt, an dem es den Gründern eines Unternehmens gelungen ist, einen Markt für ihr Produkt zu finden, geht es eher darum, den bereits gefundenen Nutzern eine bessere Erfahrung zu bieten und bereits bestehende Elemente des Produkts zu verbessern. Dieser Zeitraum wird dann oft als Optimierungsphase bezeichnet. Wichtig ist, dass die zweite Phase nicht ewig andauern darf und irgendwann wieder der Innovationsphase weichen muss, damit das Unternehmen weiter relevant bleibt. Oftmals wird angenommen, dass die Auswirkungen von Experimenten auf das Produkt, die in der Optimierungsphase durchgeführt werden, nicht groß genug sind und sich zu sehr auf die bereits bestehenden Elemente beziehen.

Zwar ist es tatsächlich eine Herausforderung für ein Unternehmen, aus einer Optimierungsphase heraus wieder vollkommen neue Entdeckungen zu machen, wenn viele Elemente und Prozesse schon etabliert sind. Dies hat jedoch keine Auswirkungen auf Experimente als zentrale Komponente der Strategie. Sehr viele kleine Experimente haben nämlich letztlich dazu geführt, dass sich das Unternehmen zentral verändert hat (Thomke 2020a). Für das Unternehmen bedeutet es also keine entscheidende Strategieänderung, wenn vermutet wird, dass das Unternehmen gerade eher in der Optimierungsphase ist. Das Ziel sollte einfach weiterhin sein, die Geschwindigkeit der Experimente zu erhöhen und mehr Experimente durchzuführen, eventuell wird es dann schnell zu größeren Veränderungen und Innovationen kommen, solange die Experimente korrekt ausgeführt werden.

Eine ähnliche Kategorisierung stammt von David Garvin in einem bereits 1993 veröffentlichten Aufsatz. Laut Garvin ist beim Experimentieren zwischen zwei Arten von Experimenten zu unterscheiden: einerseits fortlaufende Experiment-Programme und andererseits einmalige Demoprojekte (Garvin 1993). Bei den fortlaufenden Programmen geht es nach Garvin eher um kontinuierliche und kleinere Experimente wie beispielsweise die Verwendung verschiedener Rohmaterialien, um deren Effektivität zu untersuchen. Bei den einmaligen Demoprojekten geht es laut Garvin eher um große und komplexe Projekte, die das Geschäftsmodell des Unternehmens an sich infrage stellen und einen vollkommen neuen Ansatz wählen bzw. ein neues Geschäftsfeld eröffnen. Als Beispiel wird hier genannt, dass ein vollkommen neues Fabrikgebäude mit einer neuen Fertigungsweise erstellt wird.

Auch hier gilt das zuvor bereits Beschriebene. Ein Unternehmen sollte beim Experimentieren nicht zwischen diesen beiden Kategorien entscheiden. Im Gegenteil ist es eher schädlich, in einer bestimmten Phase zu glauben, jetzt „größere" Experimente zu nutzen und dann einfach mehr Geld auszugeben, um diese zu erstellen. Vielmehr sollte weiterhin inkrementell gearbeitet werden und versucht werden, die Kernaspekte und Hypothesen, die in dem „großen" Experiment liegen, zunächst kleiner abzubilden und langsam das Experimentieren zu erhöhen. Auch diese Vorgehensweise ist Teil der Risikoreduzierung durch Experimente.

Ein häufig besprochener Themenkomplex, wenn es um die Umsetzung von Experimenten geht, ist die Frage nach der internen Ressourcenallokation bei Unternehmen. Von manchen Wissenschaftlern wird die interne Ressourcenallokation sogar als die entscheidende Komponente von Strategie und strategischem Management angesehen (Van den Steen 2016). Experimente durchzuführen, kostet Unternehmen viel Geld und der Return on Investment dieser Experimente ist im Vorfeld schwer zu bestimmen. Zudem kann das aufwendige Experimentieren mit neuen Hypothesen auch von den etablierten und bereits laufenden Betriebsprozessen ablenken, sodass sich diese nicht verbessern oder sogar verschlechtern.

Diese Sichtweise beschreibt die korrekte Beobachtung, dass eine strategische Entscheidung immer auch Ressourcen kostet. Daraus muss aber nicht die Schlussfolgerung gezogen werden, dass die Experimente vom eigentlichen Unternehmensziel ablenken oder womöglich sogar das Wachstum beschädigen. Letztlich geht es bei den Experimenten darum, Innovationen zu fördern, die dem Unternehmen dabei helfen, langfristig zu überleben und mit dem Markt zusammen zu wachsen. Das Experimentieren scheint dabei wie eine unsichere Wette, die das Unternehmen eingeht. Trotzdem bleibt diese Art der Entscheidungsfindung die einzige methodisch und systematische Methode, um neue Geschäftsmodelle für das Unternehmen zu erkennen, und genau dafür müssen die Ressourcen vorhanden sein und zur Verfügung gestellt werden.

Schwierig umsetzbar sind auch die einzelnen Schritte des Experimentier-Prozesses. Wie kann man es schaffen, kontinuierlich neue Ideen zu erzeugen, diese gegeneinander abzuwägen und nach der Durchführung Entscheidungen auf Basis von Analysen zu treffen? Diese Fragen sind teilweise schwer zu beantworten, basieren auf der Komplexität des Geschäftsmodells und werden daher von manchem Entscheidungsträger durch oben genannte alternative Entscheidungsfindungs-Quellen ersetzt.

Die Komplexität der methodischen Umsetzung ist sicherlich richtig, aber kein Argument dafür, auf minderwertige Entscheidungsfindung als Quellen zurückzugreifen. Vielmehr fordert sie die Bereitschaft, einen neuen Prozess zu etablieren oder einen bestehenden Prozess auszurollen, um die Entscheidungsfindung durch Experimente zum Kern der unternehmerischen und strategischen Entscheidungen zu standardisieren. Zudem ergeben sich heutzutage durch die digitale Transformation gerade auf Webseiten oder im E-Commerce-Bereich völlig neue Möglichkeiten, die es erlauben, viel schneller den kompletten Experimentier-Prozess zu durchlaufen, ohne dafür wesentliche Ressourcen aufzuwenden. Ein möglicher Prozess, der von Unternehmen adaptiert werden kann, wird ausführlich in Sektion III beschrieben.

Ein häufig vorgebrachtes Argument gegen die Methodik der Experimente, der vor allem bei sehr jungen Unternehmen angeführt wird, sind die geringen Nutzerzahlen. Es gibt nicht genügend Nutzer oder Besucherzahlen, um auch sicher eine Aussage zum Ergebnis zu treffen. Dieser methodische Einwand ist durchaus berechtigt und beruht darauf, dass auf der Basis von geringen Traktions-Zahlen keine statistische Signifikanz zustande kommen kann, weshalb es sich bei vielen Unternehmen nicht lohnt, überhaupt mit Experimenten zu beginnen, weil man ohnehin keine Ergebnisse finden könnte, auf denen man eine Entscheidung basieren kann.

Auch dieses Hindernis lässt sich jedoch überwinden. Zunächst einmal ist der methodische Hinweis wichtig, dass man eine große Anzahl an Nutzern nur dann benötigt, wenn man erwartet, dass der Effekt des Experiments eher klein ist. Wenn man einen größeren Effekt erwartet, dann reicht oftmals auch eine kleinere Anzahl an Nutzern. Zusätzlich bedeutet eine geringe Anzahl an Nutzern in der Regel auch, dass es sich um ein besonders junges Unternehmen handelt. Diese beiden Tatsachen führen zu der Handlungsempfehlung, größere Experimente durchzuführen, was die statistische Aussagekraft verbessern kann und bei den angesprochenen jungen Unternehmen auch angebracht ist beziehungsweise höchstwahrscheinlich sogar schon angewandt wird.

Ein weiterer Einwand bezieht sich auf die Art des Unternehmens. Danach sollen nur Unternehmen mit starker digitaler Komponente in der Lage sein, auch eine Strategie basierend auf Experimenten überhaupt anwenden zu können. Klassische produktionsbasierte Unternehmen jedoch hätten keine Möglichkeit, diese Flexibilität in ihren Produktionszyklus einzubringen. Besonders bei Unternehmen, die ein komplexes verteiltes Filialsystem haben, seien Experimente nur schwer zu implementieren.

Auch für diesen Einwand gibt es zahlreiche Gegenbeispiele (Ignat 2019). Kohl's ist eines der größten Einzelhandelsunternehmen der USA. Im Jahre 2013 stellte jemand die Hypothese auf, dass es nicht nötig sei, die Läden so früh zu öffnen. Eine Öffnungszeit eine Stunde später würde einen positiven Effekt auf die Kosten haben und keinen nennenswerten Effekt auf den Umsatz. Kohl's wandelte dies in ein Experiment um und probierte die spätere Öffnungszeit in über 100 Filialen in ihrem 1200 Filialen großen Netzwerk aus. Das Ergebnis bestätigte die Hypothese und das Unternehmen konnte so seine Kosten senken. Ähnliches gilt für McDonald's, die im Jahre 2021 ausprobiert haben, ob sie Nutzer auch mit automatisierten Drive-Through-Schaltern bedienen können. Bevor dieser Vorschlag allerdings im großen Stil ausgerollt wurde, testete man ihn erst einmal in etwa zehn Filialen in Chicago. Auch bei klassischen Unternehmen ist es also möglich, Experimente in die Unternehmensabläufe und Produktentwicklung zu integrieren, auch wenn sie in diesen Fällen nicht zum Wachstum beitragen, sondern eher Kosten senken.

Die Einwände von etablierten Unternehmen gegen eine Kultur der Experimente und Hypothesen sind häufig eine Kombination der dargestellten Gründe. Es ist sicher kein einfaches Unterfangen bei einem etablierten und womöglich sogar erfolgreichen Unternehmen, eine solche Kultur zu fördern und entsprechende mitunter tiefgreifende Maßnahmen zu beschließen. Wie jedoch gezeigt, werden diese zu einem größeren Erfolg für das Unternehmen führen. Dies wird später auch noch erläutert werden.

Bei jüngeren Unternehmen ist tendenziell eine noch höhere Bereitschaft gefordert, die grundlegende Hypothese des Geschäftsmodells zu hinterfragen und mittels Experimente zu testen. Der Lean-Startup-Ansatz „Build, Measure, Learn" ist verwandt mit der hier beschriebenen Kultur der Experimente und eine bereits jetzt etablierte Methode bei neu gegründeten Start-ups (Ries 2011). Auch ein Pivot, also eine Kurskorrektur, die sich auf eine fundamentale Geschäfts-Hypothese bezieht, ist mittlerweile Bestandteil vieler

Diskussionen in einer frühen Unternehmensphase. Die Schwierigkeit in jungen Unternehmen liegt eher in der sehr starken und emotionalen Überzeugung von einer Kernhypothese des Geschäftsmodells, insbesondere weil die Entscheidungsfinder meistens auch die Gründer und Hauptakteure einer infrage gestellten Hypothese sind.

Immer öfter werden auch ethische Bedenken angeführt, die gegen die Durchführung von Experimenten sprechen oder zumindest anführen, dass die entsprechenden Nutzer zumindest darauf hingewiesen werden sollten, dass sie Teil eines Experiments sind (Thomke 2020a). Glücklicherweise geht es bei den Experimenten im wirtschaftlichen und geschäftlichen Kontext zumeist um die Anpassung und Überprüfung von Hypothesen im Bereich der Nutzererfahrung. Das ultimative Ziel ist letztlich, die Nutzerzufriedenheit zu erhöhen. Das bedeutet nicht, dass sich nicht durchaus ethische Fragen ergeben können. Aber auch hier greifen die ethischen Vorgaben, die auch im üblichen Geschäftsleben für jeden Entscheidungsträger gelten.

Literatur

Ariely D. (2008) Denken hilft zwar, nützt aber nichts. Warum wir immer wieder unvernünftige Entscheidungen treffen. Übersetzt von Maria Zybak und Gabriele Gockel. Knaur, München

Garvin D (1993) Building a learning organization. https://hbr.org/1993/07/building-a-learning-organization. Zugegriffen am 22.10.2021

Ignat A (2019) Saving the high street: using experimentation in-store to improve customer experience. https://conversion.com/blog/saving-the-high-street-using-experimentation-in-store-to-improve-customer-experience. Zugegriffen am 22.10.2021

Kohavi R, Tang D, Xu Y (2020) Trustworthy online controlled experiments: a practical guide to A/B testing. Cambridge University Press, Cambridge

Laja P. (2020) Conversion optimization Course. https://www.youtube.com/watch?v=PK1Myc_dXFg. Zugegriffen am 22.10.2021

Ries E (2011) The lean startup: how today's entrepreneurs use continuous innovation to create radically successful businesses. Crown Books, New York City

Rumelt R (2017) Good strategy/bad strategy: the difference and why it matters. Profile Books, London

Thomke S (2020a) Experimentation works: the surprising power of business experiments. Harvard Business Review Press, Watertown

Thomke S (2020b) The surprising power of business experiments (Keynote). https://www.youtube.com/watch?v=R2LRc_KgoHQ&. Zugegriffen am 22.10.2021

Van den Steen E (2016) A formal theory of strategy. Manag Sci 63(8):2616–2636

Die Funktion von Experimenten

2

2.1 Risikominimierung

Hinter unternehmerischen Entscheidungen steckt eine faszinierende Systematik. Besonders spannend sind die Methoden und Muster von Personengruppen, die häufig wichtige Entscheidungen treffen müssen. Der berühmte Investor Peter Lynch hat den Entscheidungsprozess für seine Investitionen einmal ausführlich erklärt (Lynch 2017). Grundsätzlich sind die Entscheidungen für Investitionen binär: Entweder man investiert oder nicht. Trotzdem sind diese Entscheidungen wichtig und der Investor trägt sehr viel Verantwortung, weil er sich gegenüber vielen anderen Partnern rechtfertigen und erklären muss.

Hierbei hilft es, alle Faktoren, die für eine Entscheidung relevant sind, aufzuschlüsseln und in möglichst kleine Einzelteile zu zerlegen. Geht es also um eine an der Börse gehandelte Aktie, dann steht hinter dieser Aktie auch immer ein Unternehmen. Hinter diesem Unternehmen steht wiederum eine Geschichte. Und die Geschichte besteht aus vielen kleinen und unstrukturierten Datenpunkten, die in verschiedenen Quellen verteilt sind. Dementsprechend ist es aufwendig, all diese Datenpunkte zusammenzufügen, zu analysieren und eine Entscheidung abzuleiten – und genau das ist der Job von Peter Lynch.

Jeff Bezos hat ebenfalls schon einmal beschrieben, auf welcher Basis er Entscheidungen trifft (Bezos 2015). Eine Entscheidung kann dabei in zwei verschiedene Kategorien fallen. Die Einordnung in eine dieser beiden Kategorien ist eine wichtige Aufgabe für das Management eines Unternehmens. Bezos selbst hat viele wichtige Entscheidungen getroffen und gibt an, selbst immer verstehen zu wollen, um welche Kategorie von Entscheidung es sich handelt.

Die eine Art von Entscheidungen vergleicht er mit einer Tür, die man durchschreiten kann, die sich aber danach nicht mehr von außen öffnen lässt. Es handelt sich also um Entscheidungen, die man unmöglich umkehren kann. Dazu zählt beispielsweise die

Entlassung eines Mitarbeiters, der Verkauf des eigenen Unternehmens oder die Aufkündigung der Beziehung zu einem Partnerunternehmen. All diese Entscheidungen bezeichnet er als Typ 1.

Die andere Art von Entscheidungen beschreibt Bezos als eine Art Pendeltür. Man kann durch diese Tür gehen, die Tür bleibt aber nicht von außen verschlossen. Das heißt, man kann sich immer noch dafür entscheiden, erneut durch die Tür zu gehen und einfach wieder umzukehren. Bezos meint damit Entscheidungen, die nur den Anschein erwecken, dass sie unumkehrbar sind, die man aber eigentlich wieder zurücknehmen kann, wie beispielsweise die Einstellung eines Mitarbeiters, die Einführung eines neuen Preises oder die Eröffnung einer neuen Produktsparte. Dies sind Entscheidungen vom Typ 2 und sie können ohne existenzbedrohende Folgen wieder zurückgenommen werden.

Als Manager in einem Unternehmen sollte man sich diese Kategorisierung von Entscheidungen aneignen und ständig hinterfragen, ob es sich um eine Entscheidung vom Typ 1 oder vom Typ 2 handelt (siehe Abb. 2.1). Bei Typ 1-Entscheidungen empfiehlt es sich, sehr genau die Ausgangslage zu analysieren und auf Basis aller vorhandenen Daten eine Auswahl zu treffen. Bei Typ 2-Entscheidungen sollte dieser Prozess zwar ähnlich verlaufen, allerdings sollte der Anspruch sein, diesen Vorgang zu beschleunigen und möglichst schnell zu einer Entscheidung zu kommen. Stellt man dann fest, dass es die falsche Entscheidung war, kann man eine Kurskorrektur vornehmen und seine Entscheidung revidieren. Problematisch ist nämlich, wenn alle Entscheidungen als Typ 1-Entscheidungen wahrgenommen werden. Einerseits führt dies dazu, dass viele Entscheidungen langsamer als eigentlich notwendig getroffen werden. Andererseits werden dann alle Entscheidungen als unumkehrbar angesehen und es wird nicht erkannt, dass diese Entscheidung eigentlich wieder korrigiert werden kann.

Aus dem beschriebenen Konzept von Bezos ergibt sich, dass Entscheidungen streng genommen unterschiedliche Risiken beinhalten und das häufig nicht erkannt wird, weil der Mensch bis zu 20.000 Entscheidungen pro Tag trifft (Pöppel 2008). Teilweise wird sogar angenommen, dass der Mensch mehrere Millionen Entscheidungen pro Tag trifft (Kahneman et al. 2021). Einige davon sind nicht wichtig, beispielsweise wie man sich

One Way Door	Two Way Door
Die Entscheidung ist unwiderruflich und kann in der Zukunft nicht geändert werden.	Die Entscheidung ist widerruflich und kann in der Zukunft einfach widerrufen werden.
Diese Entscheidung sollte sehr gut analysiert werden und alle Daten und Eventualitäten bedacht werden, bevor sie getroffen wird. Sie ist nämlich nicht umkehrbar.	Diese Entscheidung sollte nicht bis ins Letzte analysiert werden, sondern sie sollte vielmehr schnell getroffen werden und im Notfall wieder korrigiert werden.
z. B. die Entlassung eines Mitarbeiters, der Verkauf des Unternehmens, das Beenden einer Partnerschaft.	z. B. die Einstellung eines Mitarbeiters, die Einführung eines neuen Preises, die Eröffnung einer neuen Produktsparte oder Partnerschaft.

Abb. 2.1 Bezos Konzept der zwei Türen

kleidet. Andere sind aber sehr wichtig, beispielsweise welchen Markt man für die erste Expansion seines Produkts verwendet. Das Risiko im ersten Fall ist gering, denn die falsche Kleidung hat keine ernsthafte Auswirkung auf den Erfolg oder Misserfolg eines Geschäftsmodells. Trifft man aber im zweiten Fall die falsche Entscheidung, kann aufgrund dessen womöglich das Geschäftsmodell scheitern.

Nachfolgend werden die beiden vorgestellten Konzepte näher betrachtet. Die besonders interessanten Entscheidungen sind nämlich wichtige Entscheidungen, die eigentlich als unwiderruflich wahrgenommen werden, die aber als Typ 2-Entscheidungen kategorisiert werden können. Dies führt dazu, dass mithilfe von Experimenten das Risiko aus diesen Entscheidungen genommen werden kann. Im obigen Beispiel steht das Unternehmen vor der Entscheidung, einen Markt für die Expansion auszuwählen. Natürlich könnte man diese als Typ 1-Entscheidung wahrnehmen und nun sehr viele Ressourcen dafür verwenden, zu verstehen und zu analysieren, welcher Markt sich am besten für die Expansion eignet. Man kann diese aber auch als Typ 2-Entscheidung wahrnehmen und Experimente für den Nachweis aufbauen. Die Expansion wird also in allen möglichen Märkten im kleinen Umfang gestartet. Danach kann analysiert werden, wo die Expansion am erfolgreichsten verlief, und dort alle Ressourcen eingesetzt und die Expansion vollumfänglich ausgeführt werden. Es gelingt also durch eine neue Kategorisierung von Entscheidungen und den Einsatz von Experimenten, das Risiko aus diesen Entscheidungen zu nehmen.

2.2   Fokus auf Hypothesen

Experimente haben eine weitere Funktion, die auch Auswirkungen auf die Kultur eines Unternehmens haben kann. Ein experimentierendes Unternehmen fokussiert sich nicht auf Ideen, sondern auf Hypothesen (siehe Abb. 2.2). Ideen werden im Rahmen von unternehmerischen Innovationen natürlich eher positiv wahrgenommen. Dennoch sind sie meist abstrakt und können nicht direkt in eine Hypothese umgewandelt werden. Eine Hypothese

Idee	Hypothese
„Wir müssen auf unserer Website dafür sorgen, dass uns die Kunden mehr vertrauen."	„Wenn wir Erfahrungsberichte von unseren Kunden auf unserer Website zeigen, werden sich mehr Kunden für unsere Dienstleistung registrieren."
„Die Kunden verstehen unser Produkt nicht und deshalb verlassen sie wieder unsere Website."	„Wenn wir Erklärvideos auf unserer Website einbauen, bleiben Kunden länger auf unserer Website."
„Unsere E-Mails an die Kunden müssen emotionaler werden."	„Wenn wir ein Bild von unserem Team in unsere E-Mail-Kampagnen einfügen, dann wird das die Click-Rate von unseren E-Mails erhöhen."

Abb. 2.2 Unterscheidung von Idee und Hypothese

ist sehr konkret und setzt voraus, dass sie durch ein Experiment widerlegt oder bestätigt werden kann.

Manchmal wird die Unterscheidung von Ideen und Hypothesen sogar noch drastischer ausgedrückt (Schrage 2014). Laut Schrage sind Ideen die Feinde von Innovation und unternehmerischer Produktivität. Unternehmen mit unterdurchschnittlicher Innovationskraft betonten ihre guten Ideen nämlich immer besonders stark. Eine hohe Innovationskraft kann dagegen bei Unternehmen festgestellt werden, die ihre Zeit nicht in die Erschaffung und Entwicklung investieren, sondern eher in die Weiterentwicklung von Ideen in konkrete Hypothesen, die dann belegt werden können.

Außer Hypothesen wird in diesen Unternehmen alles ignoriert und ist nicht relevant für den Prozess der Innovationen. Schrage wünscht sich eine besondere Unternehmenskultur, die von den Mitarbeitern fordert, dass bei jeder Hypothese auch ein kausaler Zusammenhang zwischen der vorgeschlagenen Maßnahme und dem wirtschaftlichen Ergebnis zu beobachten ist. Sollte sich dafür keine Messung oder Kennzahl finden lassen, die diesen kausalen Zusammenhang nachweisen kann, dann lässt sich die Idee auch nicht als Hypothese qualifizieren und ist demnach irrelevant.

Eine widerlegbare Hypothese ist oft eine gute Idee, aber eine gute Idee ist eher selten eine gute Hypothese. Als Schrage die Angestellten eines großen IT-Herstellers aufforderte, entweder eine sehr gute Idee vorzuschlagen oder Experimente auf der Basis von testbaren Hypothesen zu erstellen, stellte er Erstaunliches fest. Zwar ergaben sich gute Ideen und die Mitarbeiter verstanden es auch, die Ideen sehr gut zu präsentieren. Aber die Experimente waren sofort umsetzbar. Dagegen konnte man über die Ideen nur reden, sie weiterentwickeln oder Gegenargumente gegen sie vorbringen. Das ist der Unterschied zu Experimenten, die ohne weitere Diskussionen ausgeführt werden können und dann im Idealfall ein klares Ergebnis ergeben. Die interessanten und besseren Diskussionen ergaben sich erst nach der Durchführung eines Experiments. Es geht dann viel mehr darum, warum diese Ergebnisse entstanden sind oder die Nutzer auf diese Weise auf das Experiment reagiert haben, wodurch sich wiederum neue Erkenntnisse für neue Experimente ableiten lassen.

Bei den Beobachtungen wurde Schrage auch klar, dass die Organisation und alle an den Experimenten beteiligten Mitarbeiter ständig dazulernen, und zwar ganz unabhängig davon, ob das Experiment ein Erfolg oder ein Misserfolg war. Wird eine solche Kultur etabliert, die sich ständig weiterentwickelt und besonders schnell aus ihren Fehlern oder Misserfolgen lernt, kann eine Organisation es auch am schnellsten schaffen, sich selbst weiterzuentwickeln. Das Korsett der Hypothesen, die einfacher in Experimente umzuwandeln sind, ist also von zentraler Bedeutung für den Innovationsprozess.

Zwar klingt das Konzept von Schrage sehr streng und vielleicht sogar wider die Intuition, alle Ideen zuzulassen. Doch es beruht im Kern darauf, dass festgestellt hat, dass die meisten Ideen nicht funktionieren und das Unternehmen meistens unnötig viel Geld kosten. Aus dieser Erkenntnis leitet er ab, dass es wichtig ist, schon in einer frühen Phase Bedingungen an eine Idee zu stellen. Die Idee muss eine Hypothese sein oder zumindest in diese Hypothese umgewandelt werden können. Eine Idee allein reicht nicht und die unternehmensinterne Vermarktung dieser Idee ist nicht hilfreich. Die Idee muss also bestimmte Voraussetzungen erfüllen, um zugelassen zu werden. Es darf keiner großen Infrastruktur oder zusätzlicher Ressourcen, um einen Versuch aufzubauen, der diese Idee bestätigen kann. Idealerweise sollte es auch nicht viel kosten, diese Idee zu testen.

Diese Anpassung oder Veränderung der Innovationskultur führt dazu, dass nicht mehr gute Ideen die entscheidende Währung für Innovationen sind, sondern Hypothesen. Die Messung der Innovationskraft eines Unternehmens anhand der testbaren Hypothesen wird nun viel genauer. Diese Erkenntnis ist bei vielen Unternehmen hilfreich, um den methodischen Unterbau eines jeden Experiments zu stärken.

2.3 Bessere Entscheidungen

Zunächst mag es widersprüchlich klingen, dass Experimente dazu beitragen, auch den Entscheidungsfindungsprozess zu verbessern. Letztlich geht es doch bei Experimenten oder der Innovation von Geschäftsmodellen auch darum, dass man neben dem bestehenden Geschäftsmodell ein neues Geschäftsmodell für das Unternehmen entwirft und entwickelt. Zu den bereits schwer zu beantwortenden Fragen des bestehenden Geschäftsmodells kommen also noch weitere hinzu. Wie sollen dann die Entscheidungen verbessert werden, wenn doch so viele neue Entscheidungsmöglichkeiten hinzukommen?

Dass Innovationen bei Geschäftsmodellen als eine Art Durchbruch oder plötzliche Erneuerung des bestehenden Modells auftreten, kommt in der Praxis eher selten vor (Thomke 2020). Vielmehr entstehen die meisten Innovationen stufenweise – und genau hierbei können Experimente helfen. Weitreichende Entscheidungen können nicht durch ein einziges Experiment verbessert oder überprüft werden. Vielmehr ist es die Summe aus vielen erfolgreichen oder weniger erfolgreichen Experimenten, die langsam und stufenweise immer klarer macht, in welche Richtung sich das Unternehmen strategisch entwickeln muss.

Diese langsame Veränderung des Geschäftsmodells ist oft ein Kritikpunkt, allerdings wird dadurch der Innovationsprozess vorhersehbarer und vor allem auch die unternehmerische und kulturelle Entwicklung hin zu einem experimentellen Innovationsprozess gefördert. Ohne diese stufenweise Entwicklung würde vermutlich ein Ungleichgewicht entstehen und mögliche Innovationen könnten gar nicht in das Unternehmen eingebracht werden, weil sie viel zu plötzlich kämen.

Häufig finden die Experimente auch im digitalen Kontext statt. Hier besteht ein entscheidender Unterschied zur analogen Innovation. Während bei der analogen Innovation nur wenige Verbesserungen pro Entwicklungsstufe zu erwarten sind, sieht das bei der digitalen Innovation ganz anders aus. Eine Verbesserung der Conversion-Rate von ein paar Prozent kann im digitalen Kontext sehr schnell skaliert werden und zu einer beachtlichen Erhöhung des Umsatzes führen.

Das Bing Experiment

Ein schönes Beispiel hierfür ist die Geschichte eines Experiments, die bereits häufig beschrieben wurde, um die Vorteile von Experimenten zu verdeutlichen (Kohavi et al. 2020). Ein einzelner Mitarbeiter von Microsoft Bing schlug im Jahre 2012 vor, die Länge der Überschriften von Werbeanzeigen innerhalb der Bing-Suchmaschine zu vergrößern. Er ging davon aus, dies würde dazu führen, dass mehr Nutzer mit den Überschriften und den Werbeinhalten interagieren. Eine solche Veränderung dauert eigentlich nur ein paar Tage Entwicklungszeit, aber die Idee war nicht sonderlich beliebt und so musste der Mitarbeiter einige Zeit warten, bis er schließlich ohne Absprache selbst die Anpassung vornahm. Schon nach ein paar Stunden stellten die Datenanalysten bei Bing eine Anomalie fest. Diese Anomalie war durch einen Umsatz entstanden, der sich unerwartet um 12 % hatte. Ohne also die Nutzererfahrung zu gefährden, gelang es durch eine einzelne Idee, diese Umsatzerhöhung zu erreichen. Prozentual hört sich das erst einmal nicht weiter spannend an, aber auf einer jährlichen Basis würden sich mithilfe dieser neuen Art der Werbeanzeigen der Umsatz von Microsoft Bing allein in den USA um 100 Millionen US-Dollar erhöhen. ◄

Das Beispiel von Bing unterstreicht zwei ganz wesentliche Dinge. Zum einen wird klar, welch große Auswirkung eine recht kleine und einfach umzusetzende Idee haben kann. Zum anderen sollte aber hier noch einmal betont werden, dass diese Idee eine von vielen Tausenden Ideen bzw. Experimenten ist, die von Bing umgesetzt werden. Die bereits durchgeführten Experimente haben den Mitarbeiter eventuell sogar auf die Idee für dieses Experiment gebracht. Es ist wichtig, diesen Aspekt der Geschichte zu betonen, denn nur eine geringe Anzahl an Experimenten wird erfolgreich sein und tatsächlich eine Hypothese bestätigen.

Das bedeutet aber nicht, dass durch Experimente, die nicht gelingen, keine zusätzlichen Daten und Erkenntnisse gewonnen werden. Die meisten Experimente werden eher unklare Ergebnisse hervorbringen und die Unternehmen dazu bringen, ihre Hypothesen besser zu formulieren und klarer aufzustellen. Experimente, die fehlgeschlagen sind, sind also nicht gleichzusetzen mit Fehlern, die beispielsweise beim Ausführen des bestehenden Geschäftsmodells entstehen. Letztere gilt es natürlich, zu vermeiden und zu reduzieren, aber das Scheitern eines Experiments muss Teil der Unternehmenskultur sein.

2.4 Planungshilfe

Die Unterstützung bei der Zielsetzung und Planung ist eine oft vergessene Funktion von Experimenten. In vielen Situationen ist es sinnvoll, Experimente auch in Managementsysteme wie OKRs (Objectives & Key Results) einzubeziehen oder eine entscheidende strategische Frage in einem Validierungsprozess durch Experimente zu beantworten (Bland und Osterwalder 2019).

Wenn sich ein Unternehmen die Expansion in einen neuen Markt vorgenommen hat, handelt es sich hierbei häufig um eine strategische Entscheidung. Bevor das Produkt im jeweiligen Markt verkauft werden kann, gibt es viele (rechtliche) Schritte, die ein hohes Maß an internen Ressourcen verschlingen. Die Reihenfolge des Markteintritts und welche Marketingkanäle für das Produkt verwendet werden sollen, stehen ebenfalls nicht fest und müssen entschieden werden. Meist unterstützt lediglich eine Auswertung von Markttrends die Entscheidungsfindung.

Anstatt nun auf Basis dieser Beobachtungen eine Entscheidung zu treffen, ist es klüger, direkt zu validieren, welcher Markt der vielversprechendste ist und welcher Marketingkanal am erfolgversprechendsten ist. Dies gelingt am besten durch das Experimentieren in den verschiedenen Märkten und Kanälen. Das Ergebnis der Experimente kann dann helfen zu erklären, welcher Markt zuerst anzugehen ist und welche Kanäle man dafür verwenden sollte. Die Experimente haben somit direkte Auswirkungen auf ein wichtiges und strategisches Expansionsprojekt und damit auch auf die Zielsetzung des Unternehmens.

Ebenso ist vorstellbar, dass das Unternehmen in einer frühen Phase abwägt, ob ein B2B- oder B2C-basierter Ansatz der bessere ist. Statt auf Intuition zu vertrauen, sollte stufenweise ausgetestet werden, in welchem Nutzersegment sich der größere Umsatz erzeugen lässt. Auch hier lässt sich also eine für die Zielsetzung des Unternehmens strategisch wichtige Frage durch einfaches Experimentieren beantworten.

2.5 Organisationales Lernen

Am häufigsten wird Experimenten jedoch zugeschrieben, dass sie ein wesentliches Element in der Lernkultur eines Unternehmens sind (Bersin 2010). Nur durch kontinuierliches Lernen kann es ein Unternehmen dauerhaft schaffen, schnell zu wachsen, hohe Gewinne zu erzielen und die digitale Transformation gut zu überstehen (Kane et al. 2018).

Kontinuierliches Lernen ist so wichtig, weil es bei jedem Unternehmen beeinflusst, welche Entscheidungen von Mitarbeitern getroffen werden. Wenn diese Entscheidungen monatlich, wöchentlich oder täglich durch kontinuierliches Lernen verbessert werden, dann hat das langfristig Auswirkungen auf die Entwicklung des Unternehmens. Abgesehen davon gibt es auch mittel- und kurzfristige Effekte wie die bessere Produktgestaltung und eine bessere Nutzererfahrung, die direkt auf das kontinuierliche Lernen zurückzuführen sind. Teilweise wird sogar angenommen, dass sich das Investieren in eine Lernkultur bereits nach sechs Monaten für ein Unternehmen auszahlen kann (North 2019).

Dabei ist wichtig zu unterscheiden, welche Art von Lernen durch die Unternehmen angewandt wird. Insbesondere soll zwischen informellem Lernen und inzidentellem Lernen unterschieden werden (Marsick und Watkins 1990). Während informelles Lernen absichtlich erfolgt, kommt es bei inzidentellem Lernen eher unabsichtlich zum Lernen. Es gibt bei informellem Lernen also klare Vorgaben und Ziele, deren Fortschritt auch gemessen wird. Außerdem gibt es eine klare Lernabsicht, die konzeptionell geplant und auf das Lernen ausgerichtet ist. Beim inzidentellen Lernen erfolgt der Lernprozess ohne genaue

Lernziele und wird nicht gemessen und auch nicht zeitlich abgegrenzt. Letztere Art des Lernens ist mehr oder weniger in fast jeder Tätigkeit gegeben. Viel wichtiger ist jedoch das informelle Lernen. Und auch hier gibt es gute Beispiele der Umsetzung, bei denen Unternehmen ein frei zur Verfügung stehendes Trainingsbudget erlauben oder spezielle Workshops organisieren, die die Mitarbeiter weiterbilden sollen. Doch es kommt selten vor, dass das informelle Lernen tief in das Unternehmen integriert ist und wirklich Teil der Arbeit wird.

Die Wichtigkeit von Experimenten wird den Unternehmen oft erst klar, wenn eine Lernorganisation geschaffen oder umgesetzt werden muss. Plötzlich werden gelungene oder nicht gelungene Experimente nicht mehr als Erfolg oder Misserfolg wahrgenommen. Vielmehr werden diese beiden Kategorien als zwei Seiten der gleichen Medaille gesehen. Beide Resultate führen dazu, dass sich die Organisation weiterentwickelt (Bersin 2010).

Diese neue Kategorisierung von Entscheidungen wird auch von Annie Duke beschrieben (Duke 2018). Laut Duke sollten getroffene Entscheidungen nicht auf Basis der Resultate bewertet werden. Es gibt viele richtige Entscheidungen, die zu einem schlechten Ergebnis geführt haben und andersherum. Werden alle Entscheidungen nur nach dem Ergebnis bewertet, dann wird es schwer, das eigene Denken und Verständnis zu verbessern, weil der falsche Maßstab angelegt worden ist. Es ist nicht schlimm falschzuliegen, sondern es ist eher eine Möglichkeit, seine eigenen Aktionen und Schlussfolgerungen während des Entscheidungsprozesses noch einmal durchzugehen und zu überprüfen, ob es eine alternative Lösung gegeben hätte, um daraus für das nächste Mal zu lernen (siehe Abb. 2.3).

Das Management könnte aus dieser Denkweise Konsequenzen ableiten und die Organisation mit verschiedenen Maßnahmen beim Lernen unterstützen. Eine bestimmte Anzahl

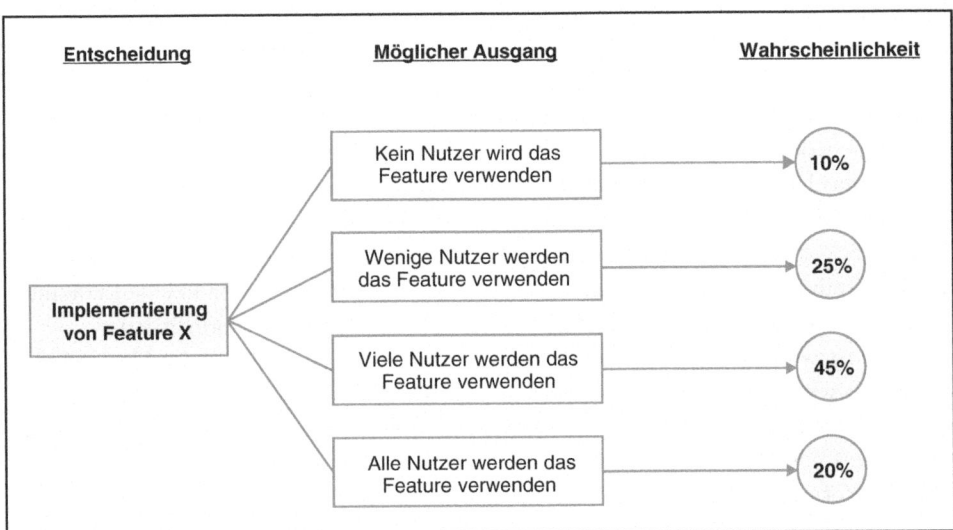

Abb. 2.3 Beispiel für einen Entscheidungsbaum

der Experimente könnte zu einem Teil der persönlichen Ziele von Angestellten, Abteilungen oder der Gesamtorganisation werden. Zusätzlich können Führungskräfte in einem öffentlichen Rahmen nicht nur über Unternehmenserfolge, sondern auch über Misserfolge sprechen, die das Unternehmen in der Summe weitergebracht haben.

Eine schöne Anekdote existiert über Thomas Watson, den ehemaligen Vorstandsvorsitzenden von IBM (Greulich 2021). Er hat den Wert des Scheiterns und dessen Bedeutung für die Weiterbildung schon früh verstanden. In einer Zeit, als das Unternehmen IBM jeden US-Dollar aus Geschäften mit seinem Partner gebrauchen konnte, gab es eine große Ausschreibung der Regierung und IBM war sich ziemlich sicher, dass es diese Ausschreibung gewinnen könnte. Diese gewonnene Ausschreibung würde IBM zehn Millionen US-Dollar Umsatz einbringen. Doch der Leiter der Verkaufsabteilung von IBM schaffte es nicht, die Ausschreibung zu gewinnen, und jeder wusste, dass dies eine große Bedeutung für die nächsten Monate bei IBM haben würde. Also ging der Leiter der Verkaufsabteilung zu Thomas Watson ins Büro und legte einen Brief mit seiner Kündigung auf den Tisch mit der Erklärung, dass er gerne selbst das Unvermeidbare vorwegnehmen würde. Thomas Watson fragte schlicht: „Warum möchten Sie kündigen?", und der Verkaufsleiter begann zu erklären, dass er falsche Leute für das Projekt eingesetzt hat, sich um wichtige Details nicht früh genug gekümmert hat, und er führte eine bessere Alternative an, die er hätte anwenden sollen. Als er mit seinen Begründungen fertig war, bedankte er sich bei Thomas Watson für die Möglichkeit, sich zu erklären, und wollte das Büro verlassen. Doch Thomas Watson rief ihn zurück: „Es tut mir leid, aber ich kann diese Kündigung nicht annehmen, denn ich habe gerade zehn Millionen US-Dollar in Ihre Bildung investiert."

Experimente sollten auch für die gesamte Organisation zugänglicher gemacht werden. Hypothesen und Experimente sollten keinesfalls nur von Führungskräften aufgestellt werden, sondern von jedem einzelnen Mitarbeiter (Hippel 2005). Dies zu ermöglichen ist oft schwierig und erfordert, genau zu verstehen, wodurch eine solche Struktur momentan verhindert wird. Insbesondere muss aufgespürt werden, ob es Hindernisse durch bestimmte Führungskräfte gibt oder womöglich auch Daten besser zugänglich gemacht werden müssen, damit es jedem einzelnen Mitarbeiter möglich ist, neue Hypothesen zu formulieren.

Vorteile zu verdeutlichen, die durch das Formen einer Lernkultur sowie durch das kontinuierliche Experimentieren entstehen, ist eine schwierige Aufgabe. Wie bereits erwähnt funktionieren die Kategorien Erfolg und Misserfolg bei den kontinuierlichen Experimenten nicht wirklich. Vielmehr ist nicht wesentlich, ob ein Experiment eines der beiden Resultate hervorbringt, sondern eher, wie das Experiment methodisch durchgeführt wurde. Insbesondere bei zahlreichen fehlgeschlagenen Experimenten ist es sowohl für das Zusammenspiel mit anderen Mitarbeitern als auch für die Motivation der Organisation von höchster Wichtigkeit darzustellen, warum sich das Investment in die Experimente gelohnt hat und welche neuen Erkenntnisse dadurch gewonnen wurden.

Literatur

Bersin J (2010) How to build a high-impact learning culture. https://joshbersin.com/2010/06/how-to-build-a-high-impact-learning-culture/. Zugegriffen am 22.10.2021

Bezos J (2015) Letter to shareholders 2015. https://s3-us-west-2.amazonaws.com/amazon.job-cms-website.paperclip.prod/shareholder_letters/2015.pdf. Zugegriffen am 22.10.2021

Bland D, Osterwalder A (2019) Testing business ideas: a field guide for rapid experimentation. Wiley, New York City

Duke A (2018) Thinking in Bets. Penguin Books, London

Greulich P (2021) At IBM, we forgive thoughtful mistakes. https://www.discerningreaders.com/watson-sr-we-forgive-thoughtful-mistakes.html. Zugegriffen am 22.10.2021

Hippel E (2005) Democratizing Innovation. MIT Press, Cambridge

Kahneman D, Sibony O, Sunstein C (2021) Noise: Was unsere Entscheidungen verzerrt – und wie wir sie verbessern können. Siedler, München

Kane G, Palmer D, Phillips A Kiron D, Buckley N (2018) https://www2.deloitte.com/us/en/insights/focus/digital-maturity/coming-of-age-digitally-learning-leadership-legacy.html. Zugegriffen am 22.10.2021

Kohavi R, Tang D, Xu Y (2020) Trustworthy online controlled experiments: a practical guide to a/b testing. Cambridge University Press, Cambridge

Lynch P (2017) Der Börse einen Schritt voraus. Börsenbuchverlag, Kulmbach

Marsick V, Watkins K (1990) Informal and incidental learning in the workplace. Routledge, London

North J (2019) The total economic impact of pluralsight. https://www.pluralsight.com/resource-center/guides/forrester-economic-impact-pluralsight. Zugegriffen am 22.10.2021

Pöppel E (2008) Hirnforschung für Manager. Carl Hanser, München

Schrage M (2014) The innovator's hypothesis. The MIT Press, Cambridge

Thomke S (2020) Experimentation works: the surprising power of business experiments. Harvard Business Review Press, Watertown

Unternehmensentwicklung und Experimente

3

3.1 Unternehmensinterne Entwicklung

Die Entwicklung und Förderung einer Strategie, die im Wesentlichen auf Experimenten basiert, erfolgen in mehreren Phasen. Üblicherweise kann weder ein sehr junges noch ein etabliertes Unternehmen sofort alle organisatorischen und technischen Anforderungen erfüllen, um kontinuierlich Experimente durchzuführen. Das Experimentation-Evolution-Modell kann dabei helfen, Schlüsse für das eigene Unternehmen abzuleiten (Fabijan et al. 2017). Es beruht auf qualitativen Interviews mit 14 Mitarbeitern von Microsoft.

Das Modell beschreibt den Übergang von der reaktiven Datenanalyse hin zu proaktiven kontrollierten Experimenten, die skalierbar auf eine Plattform gebracht werden. Die technische Dimension beschreibt, wie hoch die Komplexität der Plattform zu erwarten ist, auf welcher die Experimente ausgeführt werden sollen. Außerdem gibt diese Dimension wieder, wie weit die Experimente bereits in der (Produkt-)Organisation durchgedrungen sind. Zuletzt wird der reine Fokus der Produktentwicklung im Rahmen der Experimente beschrieben.

Die zweite Dimension ist die organisationale Dimension. Hiermit ist insbesondere die Organisation des Data Teams gemeint und welcher Teil des Data Teams für die Experimente zuständig ist. Im Modell wird zwischen vier verschiedenen Stufen unterschieden. Man kann annehmen, dass in der ersten Phase etwa einmal im Monat ein Experiment gefahren wird, in der zweiten etwa einmal pro Woche, in der dritten einmal pro Tag und in der letzten Phase Tausende von Experimenten pro Jahr (Kohavi et al. 2020).

Vor Beschreibung der verschiedenen Evolutionsstufen ist es wichtig, zwei Voraussetzungen an die Organisation zu stellen: Einerseits muss ein generelles Verständnis für zentrale Elemente der statistischen Analyse vorhanden sein. Hierzu zählen beispielsweise hypothesenbasiertes Testen, Randomisierung von Gruppen und Konfidenzintervalle.

N. Stotz, *Experimentelle Produktentwicklung*, https://doi.org/10.1007/978-3-662-65467-5_3

Außerdem sollen alle Mitglieder der Projektorganisation Zugang zu allen benötigten Daten haben und diese innerhalb der Organisation gut dokumentiert sein. Letzteres ist ein nicht zu unterschätzender Faktor, denn nicht jedes Unternehmen hat all seine Daten vollständig demokratisiert.

Die technische Evolution

In der ersten Phase, der technischen Dimension, gilt es sicherzustellen, dass Tracking-Daten im Unternehmen nicht nur zum Aufspüren von Fehlern bei der Produktentwicklung genutzt werden, sondern vielmehr auch, um das Verhalten der Nutzer zu erfassen und zu beschreiben. Wichtig sind dabei insbesondere Conversion Events, also Events, die ultimativ zur Erfüllung des Unternehmensziels beitragen (Macro Conversion) oder auf dem Weg zu diesem Unternehmensziel entscheidend werden (Micro Conversion). Typisches Beispiel für eine Micro Conversion ist das „Add to Cart"-Event, also wenn der Nutzer ein Produkt in den Warenkorb des Onlineshops legt. Für eine Macro Conversion wäre das typische Beispiel das „Kauf"-Event, also wenn der Nutzer das Produkt tatsächlich erwirbt und die Ware bezahlt hat.

Wichtig ist in dieser Phase insbesondere auch die weitere Demokratisierung der Dateninfrastruktur, die beispielsweise durch die Erstellung einer Dokumentation aller vorhandenen Events gewährleistet werden kann. Ein Tracking Plan dokumentiert alle Events eines Unternehmens, die die Interaktion des Nutzers mit dem Produkt beschreiben. Dieser Tracking Plan sollte für alle Mitglieder des Unternehmens zugänglich sein. Typischerweise wird dabei auch sichergestellt, dass eine gewisse Namenskonvention für die einzelnen Events erstellt wird. Es ist in dieser Phase also wichtig, alle Fehler im Tracking Setup des Unternehmens aufzuspüren, aufzulisten und zu beseitigen. Dieser Schritt kann manchmal lange dauern, ist aber entscheidend, um früh uneindeutige Experimente, die aufgrund von schlechtem Tracking entstehen, zu vermeiden.

Wichtig ist, bereits in dieser Phase den Grundstein für die Einführung von Experimenten als strategisches Framework zu legen. Das kann auch bedeuten, dass die ersten Experimente vollständig manuell durchgeführt werden und überproportional hohe Anstrengung erfordern. Dennoch sollte zunächst darauf verzichtet werden, an einer Plattform für die Durchführung von Experimenten zu arbeiten. Es geht an dieser Stelle darum, den Sinn von Experimenten aufzuzeigen, klassischerweise Nutzer in zwei Gruppen aufzuteilen und eine Gruppe einem bestimmten Element auszusetzen. Danach gilt es, statistische Signifikanz mithilfe von Data Scientists sicherzustellen und das Ergebnis zu präsentieren.

Die Durchdringung im Produktteam ist noch nicht besonders hoch und es kann nur ein experimenteller Prozess in kleineren Produktbereichen sichergestellt werden. Typischerweise werden in dieser Phase verschiedene Designvarianten getestet und der Unterschied in Conversion gemessen. Dieser eher simple Aufbau von Experimenten wird eher niedrigen Einfluss haben, ist aber leicht verständlich und kann daher sehr gut genutzt werden, um auf diese Art des Produktentwicklungsprozesses aufmerksam zu machen und unternehmensinterne Unterstützung zu erhalten.

In der zweiten Entwicklungsstufe ist der entscheidende Schritt der Übergang von Vanity Metrics hin zu Actionable Metrics (siehe Abb. 3.1). Vanity Metrics sind zwar messbar und haben auch eine Bedeutung für das Produkt aber haben keine Beziehung zu den Auswirkungen auf den Unternehmenserfolg (Croll und Yoskovitz 2013). Actionable Metrics stellen diese Beziehung wieder her und verbinden eine Metrik zu einem wiederholbaren Ereignis. Typischerweise werden dann Klicks auf eine Website in Bezug zu den Nutzern gesetzt, also Klicks pro Nutzer gemessen.

Relevant sind in dieser Phase auch erste Überlegungen in Bezug auf eine Plattform, die alle Experimente zentralisiert und vereinfacht. Hier ist zunächst einmal die grundlegende Buy-or-Build-Frage zu klären, also, ob bereits existierende Software eingekauft wird oder selbst eine Plattform entwickelt wird. Die Plattform wird also in die Lage versetzt zu verstehen, wie groß das Sample sein muss, um zu einem statistisch signifikanten Ergebnis zu gelangen (Power Analysis). Damit wird verhindert, dass die Experimente zu lange durchgeführt werden. Außerdem wird ein erstes A/A-Testing durchgeführt, also zwei zufällig gewählte Nutzergruppen werden derselben Behandlung ausgesetzt. Bei einer vollständigen Infrastruktur sollten hier keine Imbalancen festgestellt werden.

Statt nur Designelemente zu variieren, können in dieser Phase auch grundlegend verschiedene Varianten von Produktfeatures gegenübergestellt werden. Typischerweise könnten hier die Informationen des Nutzers über ein neues Feature per SMS oder per E-Mail getestet werden.

In der dritten Phase werden die Metriken nochmals erweitert. Es wird eher versucht, diese Metriken in abstraktere Konzepte umzuwandeln und z. B. „Nutzertreue" oder „Erfolg" einheitlich zu messen. Diese abstrakten Konzepte sind wiederum idealerweise eng mit den langfristigen Unternehmenszielen verbunden oder haben zumindest einen Bezug. In dieser Phase werden auch Experimente durchgeführt, die das Produkt bzw. das Nutzererlebnis für den Nutzer absichtlich verschlechtern, um die Reaktion des Nutzers zu messen. Diese Art der Durchführung ist anfänglich schwer zu verstehen, hilft aber dabei,

Vanity Metric	Actionable Metric
Kennzahlen, aus denen sich nicht auf die eigene Strategie des Unternehmens schließen lässt. Aus den Kennzahlen lassen sich meist keine wiederholbaren Strategien ableiten.	Kennzahlen aus denen sich auf die Strategie des Unternehmens schließen lässt und die direkt mit den Unternehmenszielen verknüpft sind. Die Kennzahlen können helfen, den Erfolg und das Wachstum des Unternehmens besser zu verstehen und diesen zu wiederholen.
Werden zumeist in absoluten Zahlen ausgedrückt.	Werden zumeist in Prozenten, Durchschnitten oder Verhältnissen ausgedrückt.
z. B. Anzahl an Likes bei Facebook, Anzahl an Website Besucher. Anzahl an Twitter-Follower	z. B. der Customer Lifetime Value, Konversionsraten, Retention-Kohorten

Abb. 3.1 Unterscheidung Vanity Metric und Actionable Metric

genau zu verstehen, welche Auswirkungen ein bestimmtes Feature auf das Nutzererlebnis hat. An dieser Stelle wird erneut deutlich, dass die Kategorien Erfolg und Misserfolg für das Konzept des Experiments nicht passen, vielmehr geht es darum zu lernen – in diesem Fall, den Einfluss von Features besser zu verstehen. Typischerweise kann hier die Lesbarkeit oder die Erreichbarkeit eines bestimmten Produktelements erschwert oder die Ladezeit absichtlich erhöht werden.

Ebenso werden in dieser Phase erste Elemente zur Skalierbarkeit der Experimentierplattform eingeführt. Das Ziel ist es, über 100 Experimente pro Jahr zu ermöglichen. Hierzu ist es nötig, insbesondere die Arbeit des Experiment Owners zu erleichtern und seine Arbeitsabläufe teilweise zu automatisieren bzw. wenigstens effizienter zu machen. Ein wichtiges Element ist hierbei, dass der Experiment Owner nicht selbst ermitteln muss, wie das Ergebnis des Experiments zu bewerten ist, sondern dass er ein automatisches Signal erhält, sobald ein Experiment beendet ist. Zudem wird in dieser Phase bereits eine hohe Anzahl an Experimenten gefahren und deshalb ist es wichtig, auch sicherzustellen, dass die verschiedenen Kontrollgruppen bei der Randomisierung der Nutzergruppen bedacht werden. So wird gewährleistet, dass das Ergebnis eines Experiments keine Auswirkungen auf das Ergebnis eines anderen Experiments hat. Wichtig ist ebenfalls, dass die Experimentierplattform in der Lage ist, ein Experiment automatisch hochskaliert. Das bedeutet, dass erst eine sehr kleine Nutzergruppe einer Behandlung ausgesetzt wird und nur langsam mehrere Nutzer zusätzlich in das Experiment mit einbezogen werden. Auf diese Weise wird verhindert, dass schädliche Experimente eine Gruppe unnötig stark beeinflussen.

Die Kultur und die Praxis der Experimente sind nun bei nahezu allen Produktelementen angekommen. Sowohl mehr Produktmanager als auch mehr Produktelemente sind in die Experimente involviert. Experimente sind idealerweise bereits die neue Norm, um auch nur die kleinsten Auswirkungen von neuen Produktelementen auf das Nutzererlebnis zu messen. Zudem können die Erkenntnisse aus vergangenen Experimenten genutzt werden, um die Korrelation zwischen verschiedenen Geschäftszielen zu verstehen.

In der vierten und letzten Phase sind ein vollständig standardisierter Prozess rund um das Experimentieren vorhanden sowie ein zentrales Bewertungsschema. Dieses Bewertungsschema legt den Standard für die Produktentwicklung fest. Ebenso ist ein Prozess rund um die Erneuerung und Instandhaltung des Bewertungsschemas vorhanden.

Die Experimentierplattform nimmt im optimalen Fall den Produktmanagern weitere Schritte im Experiment Prozess ab, um ihnen zu ermöglichen, noch mehr Experimente zu starten. Die Plattform kann beispielsweise automatisch feststellen, ob es eine Interaktion zwischen verschiedenen Experimenten gibt. Falls dem so ist, so sollten diese Elemente nicht kombiniert und den Nutzern ausgesetzt werden. Darüber hinaus kann die Plattform den Produktmanager proaktiv über einen möglichen Konflikt informieren. Beispielhaft für die Interaktion wäre die Änderung der Hintergrundfarbe zu Schwarz, während gleichzeitig die Farbe zu Grau verändert wird. Außerdem kann die Plattform in nahezu Echtzeit erkennen, ob ein Experiment eindeutig schädlich für das Nutzererlebnis ist, und falls dies erkannt wird, das Experiment automatisiert beenden. Zusätzlich kann die Plattform auch als eine Art Datenbasis dienen, die idealerweise automatisiert erkennt, ob ein solches Experiment bereits durchgeführt wurde, oder zumindest den Produktmanagern ermöglichen, nach einem ähnlichen Experiment zu suchen.

In dieser Phase hat demnach die Praxis der Experimente die gesamte Organisation durchdrungen. Jede kleine Veränderung am Produkt ist durch Experimente zu überprüfen, um daraus mehr über das Nutzerverhalten zu lernen. Insgesamt erfolgt die technologische Evolution also in vier Phasen (siehe Abb. 3.2).

Die organisationale Evolution

Auch die organisationale Evolution erfolgt in vier Phasen (siehe Abb. 3.3). In der ersten Phase der organisationalen Evolution ist es wichtig, einen zentralen Experiment Owner zu bestimmen. Dieser hat die Gesamtverantwortung für den Fortschritt der Experimentier-kultur. Idealerweise versteht der Experiment Owner das Produkt bereits sehr gut und hat ebenso ein gutes Verständnis sowie eine gute Zusammenarbeit mit dem Data Science Team. Idealerweise wird dem Experiment Owner auch ein Data Scientist zur Verfügung gestellt, der ihm dabei unterstützt, die Experimente korrekt aufzusetzen, zu messen und zu analysieren. Es ist in dieser Phase die Aufgabe des Data Teams sicherzustellen, dass der Experiment Owner die Methodik der Experimente versteht und auch anwendet. Außerdem sollte viel Raum für Ideen geboten werden, unabhängig davon, ob man sich davon einen kurzfristigen oder langfristigen Effekt verspricht.

In der zweiten Phase sollte die Verantwortung zur Durchführung der Experimente nicht mehr ausschließlich beim Experiment Owner liegen, sondern zu den Produktmanagern übergehen. Diese haben nicht notwendigerweise besondere Data-Science-Kenntnisse, um das Experiment vollumfänglich durchzuführen, werden aber bei ihrer Arbeit weiterhin durch das Data Team unterstützt. Der Produktmanager ist jedoch für die Planung, Durch-führung und Dokumentation des Experiments verantwortlich. Bereits in dieser Phase ist es von Vorteil, Ergebnisse aus dem Experiment in einem möglichst großen Rahmen an alle Teams weiterzugeben. Den Produktmanagern sollten Data Scientists zur Verfügung

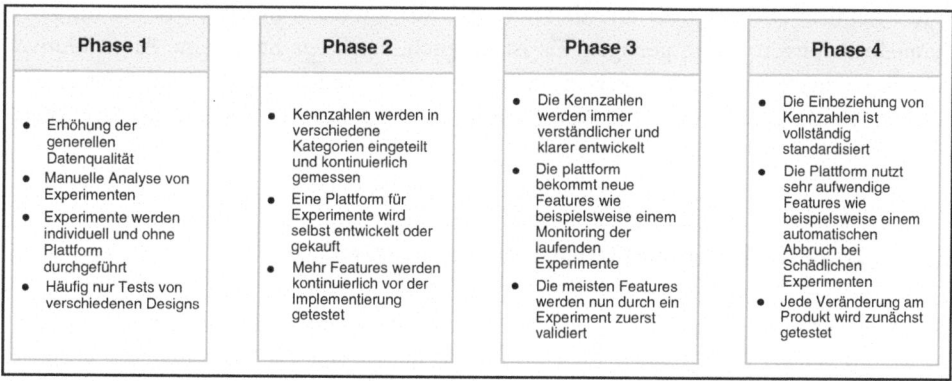

Abb. 3.2 Die Phasen der technologischen Evolution

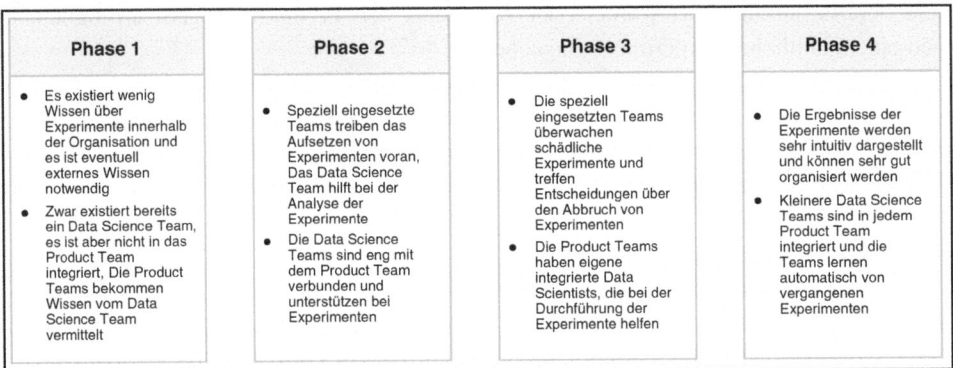

Abb. 3.3 Phasen der organisationalen Evolution

stehen, die auch im Produktbereich angestellt sind. Diese stellen die Datenqualität sicher, finden die richtigen Metriken und passen das Bewertungsschema kontinuierlich an. Die Data Scientists können in dieser Phase als Experiment Owner auftreten oder eng mit diesem zusammenarbeiten. Die wichtigste Funktion der Produktmanager ist insbesondere die Kommunikation in andere Teams.

In der dritten Phase erhalten die zuvor erwähnten Produktmanager und Experiment Owner die vollständige Verantwortung für die Planung und Durchführung all ihrer Experimente. Die Analyse sollte weiterhin von den beim Produkt angesiedelten Data Scientists unterstützt werden. Die Ausführung des Experiments bedeutet dabei, dass schädliche Experimente beobachtet, entdeckt und eingestellt werden, Bewertungsschemata weiterentwickelt werden und über die nächsten Schritte nach dem Ende des Experiments entschieden wird. Wichtig ist in dieser Phase ebenfalls, einen Prozess zu entwickeln, damit ein regelmäßiger Austausch zwischen dem etablierten Data Team und dem beim Produkt angesiedelten Data Team regelmäßig stattfindet, um neue Erkenntnisse auszutauschen.

In der vierten Phase können die Experiment Owner vollständig unabhängig von den Data Scientists arbeiten. Die Experimentierplattform hat die zentralen Funktionen der Data Scientists übernommen und die Data Scientists werden nur noch bei bestimmten Herausforderungen zurate gezogen. Es ist möglich, an dieser Stelle eine Art operatives Data Team zu etablieren, dass gewährleistet, dass alle Experimente korrekt durchgeführt werden. Auf der anderen Seite sollten auch immer Data Scientists weiter an der Experimentierplattform arbeiten.

3.2   Die Erhöhung des Unternehmenswerts

Im Zusammenhang mit größeren Unternehmen werden auch immer wieder Entwicklungen der Aktienwerte als Beweis für eine Überlegenheit von Unternehmen, die verstärkt mit Experimenten arbeiten, herangezogen. Dabei wird oft ein Index mit Unternehmen erstellt, die besonders dafür bekannt sind, Experimente durchzuführen. Im Vergleich zu anderen Indizes wie dem S&P 500 schneidet dieser „Experimenters Index" dann besser ab (Thomke 2020). Diese Kausalität ist methodisch umstritten, denn für den Erfolg oder die Entwicklung der entsprechenden Einzelaktien sind sehr viele Faktoren verantwortlich. Sicherlich spielt die Tendenz, mehr oder weniger Experimente zu fahren, bei der Entwicklung eine Rolle, der genaue Zusammenhang ist allerdings noch nicht klar nachgewiesen.

Methodisch überlegenere Studien legen aber einen positiven Zusammenhang von Experimenten und der Entwicklung von jungen Unternehmen nahe (Koning et al. 2020). Basierend auf einem Datensatz von über 35.000 Start-ups weltweit, wurde zum Beispiel Technology Lookup Tools genutzt, um festzustellen, welche Software auf einer Webseite betrieben wird. Hierbei wird auch erkannt, ob die Webseite ein AB Testing Tool enthält, das typischerweise für erste Experimente auf der Website verwendet wird. In der Studie gelingt es nachzuweisen, dass durch das Testen 10 % mehr Besucher kurzfristig und 30 % bis 100 % Besucher langfristig auf der Webseite ankommen. Insbesondere ist interessant, dass die Start-ups, die Experimente in Form von AB Website Testing nutzen, schneller skalieren oder schneller inaktiv werden, was letztlich auch indiziert, dass das organisationale Lernen ein Bestandteil der Unternehmensstrategie ist. Durch die Experimente können sowohl existierende Ideen verbessert werden als auch neue Impulse für tiefgreifende Produktänderungen gewonnen werden. Ebenso bestätigt sich, nicht besonders überraschend, dass zumeist Start-ups aus dem Silicon Valley mit Venture Capital Funding auf Experimente als Strategie setzen.

3.3 Stakeholder Management

Eigentlich sollen Experimente verhindern, dass die Meinungen der bestbezahlten Manager auch die größte Relevanz haben. Diese Meinungen werden häufig als HiPPO bezeichnet, was ein Akronym ist für „highest paid person's opinion", also die Meinung der bestbezahlten oder ranghöchsten Person im Unternehmen (Kaushik 2007). Es gibt aber häufig Ausnahmen gerade im reinen Design- und Branding-Bereich. Sehr bekannt war das Redesign der Snapchat App. Snapchat CEO Evan Spiegel hat einen Design-Hintergrund und wollte der Schnelligkeit zuliebe das neue Design keinen Tests oder Experimenten unterwerfen. Als das neue Design ausgeliefert wurde, fielen sowohl die Nutzungsraten der App als auch die Aktien von Snapchat selbst sehr stark. All das hätte ganz einfach verhindert werden können, wenn ein rigoroser Experiment Prozess im Unternehmen herrschen würde. Selbst die Meinung des CEOs wäre dann nur eine Hypothese, die es zu testen gilt.

Häufig ist es auch besonders schwer für Manager, die bereits in der frühen Phase des Unternehmens an einem Design oder Produktaspekt mitgewirkt haben, das Resultat eines Experiments anzuerkennen, weil sie mit dem Produkt selbst noch emotional verbunden sind. Wichtig ist, genau zu verstehen, welche Einwände der Manager hat, der gegen einen Wechsel der Designelemente spricht, und ihm seinen Bias klarzumachen. Darüber hinaus könnte man bereits im Vorfeld sehr genau die nächsten Schritte für ein Experiment mit dem Manager absprechen und sich versichern lassen, dass diese Vereinbarungen verbindlich sind. Grundsätzlich ist es wichtig, alle Stakeholder schon früh mit ins Boot zu holen. Gefährlich wird es, wenn bestimmte Stakeholder nur ihre Agenda verfolgen und Experimente nur anerkennen, wenn diese ihre Erwartungen bestätigen.

Ein Modell zur grundsätzlichen Entwicklung der Involvierung des Managements in Experimentation liefert Thomke mit dem ABCDE Framework (Thomke 2020). In der Awareness-Phase bedeutet das Experimentieren regelmäßig, etwas Neues auszuprobieren. Hierbei gibt es noch keinen etablierten Prozess und es kann oft schwierig sein, Ursache und Wirkung eindeutig zu untersuchen. In der zweiten, der Belief-Phase glaubt das Management zwar, dass ein Prozess rund um das Experimentieren einen Effekt auf die Produktentwicklung und Strategie haben kann, dennoch ist das Experimentieren auf einen speziellen Bereich beschränkt und hat noch keinen Einfluss auf strategische Entscheidungen. In der Commitment-Phase gibt das Management mehr Ressourcen frei und akzeptiert, dass Experimentieren zentral für organisationales Lernen und Entscheidungsfindungen ist. In dieser Phase sind bereits Auswirkungen auf die Unternehmensstrategie festzustellen. Die Diffusion-Phase macht dem Management klar, dass nur durch vollständig skalierbares Testen ein höherer Einfluss auf die Unternehmensstrategie erreicht werden kann. Hierzu werden vor allem unternehmensinterne Lernmaterialien zur Verfügung gestellt. Grundsätzlich werden Experimente gefordert, bevor Entscheidungen getroffen werden. In der letzten Phase, der Embeddedness-Phase, wird das Experimentieren demokratisiert und jeder Mitarbeiter kann ohne Probleme und autark seine Experimente durchführen. Zwar räumt Thomke ein, dass sich die Phasen teilweise überschneiden, aber die Entwicklung und das Involvement des Managements sind entscheidende Faktoren auf dem Weg zur Experimentier-Kultur.

Besonders interessant ist dann natürlich zu verstehen, welche Aufgaben das Management und alle Teammitglieder haben, sobald eine der letzteren Stufen erreicht ist. Ein Management, das vollständig involviert ist, fokussiert sich auf mehrere Elemente. Zunächst einmal ist es wichtig, Metriken zu finden, die erklären können, wie erfolgreich das Experimentieren gerade ist. Dies soll ermöglichen, die Geschwindigkeit der Experimente zu messen, und kann beispielsweise auf Wochenbasis erfolgen. Werden im Rahmen dieser Metriken Ineffizienzen nachgewiesen, so ist es die Aufgabe des Managements, diese aufzuspüren und zu beseitigen. Weiterhin kümmert sich das Management darum, dass die Anwendungen von Experimenten auch dokumentiert werden. Insbesondere ist wichtig, schwierige Fälle, die beispielsweise eine ethische Komponente haben, zu identifizieren und eine Handlungsrichtlinie für die Teammitglieder zu entwerfen, die der Unternehmenskultur entspricht.

Das Management hat sich außerdem darum zu bemühen, genau zu verstehen, wie sich die Auswirkungen eines Experiments beziffern lassen. Welche Kosten entstehen dem Unternehmen durch das Experiment und welche Effekte ergeben sich durch das Experimentieren? Diese Aufgabe ist im Einzelfall extrem schwierig, insbesondere dies im Rahmen einer ROI-Analyse genauer zu beschreiben. Allerdings muss das Management auch in der Lage sein, die Unterstützung des Experimentierens quantitativ zu belegen. Von entscheidender Bedeutung ist es auch sicherzustellen, dass das Experimentieren ebenso Teil der unternehmensinternen Weiterbildung wird. Für alle Mitarbeiter ist nachvollziehbar, was bereits aus Experimenten gelernt wurde und wie diese momentan im Unternehmen angewendet werden. Dies kann auch mit einem Austausch mit anderen industrienahen Vertretern stattfinden, um weitere Lernmöglichkeiten zu schaffen. Zuletzt hat das Experimentieren Eingang in die Zielsetzung eines jeden Teammitglieds zu finden. Individuelle OKRs verlangen hier von den Mitarbeitern ab, eine bestimmte Anzahl von Experimenten anzulegen oder an ihnen mitzuarbeiten.

Literatur

Croll A, Yoskovitz B (2013) Lean analytics: use data to build a better startup faster. O'Reilly, California

Fabijan A, Olsson H, Dmitriev P, Bosch J (2017) The evolution of continuous experimentation in software product development. Proceedings of the 39th international conference on software engineering ICSE'17, 2017

Kaushik A (2007) Web analytics: an hour a day. John Wiley & Son, New Jersey

Kohavi R, Tang D, Xu Y (2020) Trustworthy online controlled experiments: a practical guide to A/B testing. Cambridge University Press, Cambridge

Koning R, Hasan S, Chatterji A (2020) Digital experimentation and startup performance: evidence from A/B testing. Working paper

Thomke S (2020) Experimentation works: the surprising power of business experiments. Harvard Business Review Press, Watertown

Teil II

Die Experiment Organisation

In der nächsten Sektion wird zunächst ausführlich beschrieben, welche Rolle die Unternehmenskultur für die Einführung oder Ausweitung eines Experimentier Programms spielt. Dabei wird zunächst besprochen, welche Kultur häufig vorzufinden ist und welche Kultur nötig ist, um das Experimentieren im Unternehmen auszuweiten. Anschließend werden weitere Werkzeuge aufgeführt, die ein Unternehmen einführen sollte, um das Experimentieren auf ein skalierbares und effizientes Level zu bringen. Dabei werden insbesondere Empfehlungen für verschiedene Ausgangssituationen gegeben. Zuletzt werden auch einige gängige Teamstrukturen besprochen, die sich bisher bei Unternehmen entwickelt haben, die viel experimentieren.

Experimente und kulturelles Mindset

4

4.1 Kulturelle Gegebenheiten

Die Kultur eines Unternehmens ist ein weites und eigenständiges Forschungsfeld. Zahlreiche Forscher haben bereits versucht, die Unternehmenskultur zu beschreiben oder zu definieren. In diesem Forschungsfeld sind viele Fragen noch offen, insbesondere wie man die Unternehmenskultur beeinflussen kann, ist umstritten. Auch die Wechselwirkungen zwischen der Marke eines Unternehmens und der Kultur sind schwierig zu beschreiben. Trotz aller Unklarheiten wird die Kultur eines Unternehmens für die Mitarbeiter und damit auch für die Unternehmen immer wichtiger. Bereits im ersten Teil dieses Buches gab es Schnittmengen mit kulturellen Fragestellungen innerhalb eines Unternehmens, beispielsweise, dass Ideen besser als Hypothesen umformuliert werden sollen, um zu garantieren, dass alle Ideen, die von den Mitarbeitern eingebracht werden, auch gleich umsetzbar sind.

Diese Schnittmengen werden sich weiter durch dieses Buch ziehen, denn der wichtigste Schritt, um ein Unternehmen zu schaffen, das Experimente als zentrales strategisches Element wahrnimmt, ist die Etablierung einer entsprechenden Kultur (Thomke 2020a). Es reicht leider nicht aus, alle technischen Voraussetzungen zu erfüllen und Prozesse zu definieren, um Experimente durchzuführen. Die richtige Kultur ist nötig, um Experimente voranzutreiben.

Dabei spielt das Alter des Unternehmens keine Rolle. Im Gegenteil ist es wichtig, die Kultur bereits in sehr frühen Unternehmensphasen zu betonen und auf den kulturellen Fit der ersten Mitarbeiter zu achten (Brady 2019). Bereits gemachte Erfahrungen und Erfolge spielen dabei nicht so eine große Rolle. Besonders bei schnell wachsenden technologiebasierten Start-ups kommt das Wachstum oft sehr plötzlich und sehr heftig. Unternehmen wachsen von gerade einmal zehn Mitarbeitern auf über 100 in weniger als einem Jahr. Und

N. Stotz, *Experimentelle Produktentwicklung*, https://doi.org/10.1007/978-3-662-65467-5_4

so wird aus den frühen Mitarbeitern dann häufig schnell eine Führungskraft, die wiederum selbst Mitarbeiter interviewt und einstellt. Nur wenn das Unternehmen sichergestellt hat, dass all diese frühen Mitarbeiter auch die Werte und Normen des Unternehmens wiedergeben können, kann diese schnelle Skalierung effizient gelingen.

Wenn sich Mitarbeiter wohlfühlen und die Kultur eines Unternehmens teilen, treten mehrere Effekte auf. Zunächst einmal arbeiten die Mitarbeiter produktiver, weil sie einen besonderen Sinn in ihrer Arbeit sehen und sich sogar mit ihrer Arbeit identifizieren. Außerdem bleiben die Mitarbeiter länger im Unternehmen und wechseln nicht den Arbeitgeber, weil sie sich kulturell gut aufgehoben fühlen. Beide Effekte sind entscheidend für den Erfolg des Unternehmens und dementsprechend sollte man sie fördern und beachten.

Es wird nachfolgend noch ersichtlich, dass viele Voraussetzungen und Prozesse in einem Unternehmen etabliert werden müssen, um es zu einem wirklich effizienten experimentellen Unternehmen zu machen, die Kultur ist dabei der wichtigste Faktor. Selbst wenn alle Tools und Prozesse gegeben sind, kann ohne die geeignete Kultur kein effizientes und konsequentes Experimentieren stattfinden. Insbesondere sollte betont werden, dass gerade die Kultur vorgibt, wie Entscheidungen getroffen werden. Oft wird dabei zwischen einer auf Fakten basierenden Entscheidungsfindung und einer auf Intuitionen basierenden Entscheidungsfindung unterschieden (Elbanna 2006).

Die auf Fakten basierende Entscheidungsfindung erfordert vor der Entscheidung eine sehr genaue Analyse aller vorhandenen Daten. Es ist wichtig, die Vorteile und die Nachteile einer Entscheidung transparent zu machen und eine Debatte rund um die Entscheidungsfindung zuzulassen. Bei der auf Intuition basierenden Entscheidungsfindung geht es eher darum, auf die Meinung von einzelnen Personen zu hören, die idealerweise Experten auf dem entsprechenden Gebiet sind. Dabei geht es weniger um Fakten, sondern um Erfahrung und wie diese in der Diskussion der verschiedenen involvierten Personen angebracht werden kann.

Einerseits sollten gerade bei innovativen und neuen Ideen Expertenmeinungen mit Vorsicht angenommen werden und auch hinterfragt werden. Schließlich handelt es sich um etwas, von dem niemand wirklich genau vorhersagen kann, ob es Erfolg hat oder nicht. Andererseits sollte nochmals betont werden, dass eine auf Fakten basierende Entscheidungsfindung die Experimentierfreude des Unternehmens deutlich begünstigt. Wenn Entscheidungsträger die verlässlichsten Fakten als Quelle der Entscheidungsfindung nutzen möchten, dann führt kein Weg an der konsequenten Nutzung von Experimenten vorbei.

Die oben beschriebene Kultur entscheidet ebenfalls darüber, wie Ideen selbst bewertet werden. Werden Ideen eher sehr subjektiv und intuitiv in die Kategorien „gut" oder „schlecht" eingeordnet? Oder wird in jeder Idee stattdessen eine Hypothese gesehen, die letztlich eine Inspiration für ein mögliches Experiment ist oder zumindest als Vorlage für eine Hypothese dient? Auch hier gibt es sicher Mischformen und in bestimmten Phasen eines Unternehmens werden diese beiden Extreme nicht konsequent angewandt. Doch generell beschreiben die beiden kulturellen Grundsätze sehr gut, auf was sich der Einzelne in einem Unternehmen einstellen muss.

Entscheidend ist dann natürlich zu fragen, was zu tun ist, wenn die Kultur des Unternehmens Experimente gerade nicht fördert und unterstützt. Dies ist eine der schwersten Aufgaben im Rahmen der Implementierung eines Prozesses (Walker und Soule 2017). Zwar wird oft behauptet, dass es schwer oder sogar unmöglich ist, die Kultur des Unternehmens zu ändern. Trotzdem sollte man versuchen, diese Änderungen in einem kleinstmöglichen Rahmen, den man selbst kontrollieren kann, anzustoßen. Denn wenn der einzelne Produktmanager seine Experimente fördert und in seinem Team verbreitet, dann wird dies möglicherweise irgendwann auch bei anderen Teams Beachtung finden oder er steigt eine Stufe weiter auf und kann seine Methodologie auf weitere Teams übertragen. Irgendwann wird es vermutlich auch in der höchsten Führungsebene einen Wechsel geben und neue Manager mit einer ausgeprägten Bereitschaft für Experimente übernehmen das Unternehmen. Hierbei handelt es sich jedoch um einen Change-Management-Prozess, der sich über Jahre ziehen kann.

4.2 Typische Konstellationen

Eine Kultur, in der Experimente als strategisches Element tief verwurzelt sind, wird vor allem bei etablierten Unternehmen eher selten gegeben sein. Im Gegenteil wird es oft viele Einwände und existierende Mechanismen geben, die dieser Kultur sogar entgegenwirken. In solchen Konstellationen ist es wichtig, die Situation genau zu analysieren. Nur wenn man genau verstanden hat, warum Experimente nicht als strategische Komponente platziert werden können, ist es möglich, nach und nach diese Einwände zu beseitigen. Dafür sind die häufigsten Einwände von Mitarbeitern und Führungskräften noch einmal anschaulicher darzustellen und die Mechanismen zu beschreiben, die dabei im Hintergrund wirken.

Zunächst einmal wäre der Umgang mit Überraschungen zu nennen (Thomke 2020b). Eine Überraschung im Entwicklungsprozess eines Unternehmens bietet meistens eine Chance, etwas daraus zu lernen.

Die Entdeckung von Penicillin

Ein schönes Beispiel, um dies zu verdeutlichen, ist die Geschichte der Entdeckung von Penicillin (Porter 2003). Ihr Erfinder Alexander Fleming experimentierte in den 1920er-Jahren mit Staphylokokken und verteilte diese, bevor er in die Sommerferien ging, auf einer Agarplatte. Als er nach mehreren Monaten zurückkam, sah er, dass sich in seinem Labor ein Schimmelpilz gebildet hatte und sich die Staphylokokken in der Nähe des Schimmelpilzes nicht vermehrten. Er nannte den Schimmelpilz Penicillium und bekam für diese Entdeckung den Medizinnobelpreis. Natürlich musste Fleming noch viele weitere Experimente und Untersuchungen durchführen, um die Wirkung von Penicillin genauer zu verstehen. Doch eine Überraschung brachte ihn letzten Endes auf diese Spur. Fleming hat etwas Neues und für ihn Unerwartetes also nicht ignoriert, sondern er hat genauer hingeschaut, beobachtet und daraus etwas gelernt. Und genau so sollte es mit Überraschungen und Anomalien im Unternehmensalltag umgegangen werden. Man sollte neugierig sein und auch bei möglichen Fehlern fragen, ob sich daraus eine Erkenntnis gewinnen lässt. ◄

Ein weiterer Einwand, der kulturell begründet ist, liegt in der Idee, dass beim Fokus auf neue Ideen und neue Erkenntnisse die Bedeutung von bereits Bekanntem verloren geht (Koning et al. 2020). Eine regelmäßige Prozessoptimierung sollte in jedem Unternehmen stattfinden, wobei das Management befürchtet, dass bei ständiger Innovation diese Prozesse nicht besser werden. Dies ist ein häufiger Einwand, der genutzt wird, um Experimente zu begrenzen. Und natürlich ist es eine klassische Managementaufgabe, genau diese Balance zwischen Fokus auf existierenden Dingen und neuen Dingen zu halten. Bei Experimenten geht es jedoch nicht immer um große Projekte, die das Geschäftsmodell von Grund auf verändern. Die meisten Experimente sind eher klein und so sollte auch mit etablierten Prozessen verfahren werden. Anstatt diese lange zu analysieren und von Experten untersuchen zu lassen, sollten regelmäßig kleine Veränderungen vorgenommen werden und beobachtet werden, wie sich die Prozesse verändern. Allerdings sollte auch ein Fokus auf neuen Geschäftsmodellen liegen, sonst fällt das Unternehmen irgendwann so weit zurück, dass es mit der Konkurrenz nicht mehr mithalten kann.

Die Entdeckung von Penicillin

Ein Beispiel dafür ist Blockbuster, eine Franchisekette für Video und DVD-Verleih, die im Jahre 2004 noch nahezu 100.000 Mitarbeiter beschäftige und bereits 2010 Insolvenz anmelden musste (Olito 2020). Das reaktive Innovationsmanagement des Unternehmens wird als Grund für diesen schnellen Verfall genannt. Blockbuster hat nicht verstanden, dass die Industrie, in der das Unternehmen agierte, sich gerade im Umbruch befand, und war nicht bereit, das Geschäftsmodell ständig umzustellen, sondern reagierte immer nur auf Netflix. Aufgrund der Größe des Unternehmens gingen diese Anpassungen zu langsam vonstatten, weil zu wenig Ressourcen für ein umfangreiches Innovationsteam zur Verfügung standen. ◄

Der Demokratisierung von Experimenten für alle Mitarbeiter im Unternehmen steht häufig auch die Sorge entgegen, mögliche Prozesse und bestehende Nutzerbeziehungen zu zerstören (Atzberger 2021). Wird der Nutzer also einem Experiment ausgesetzt, das sich letztendlich als unterlegen gegenüber dem existierenden Prozess herausstellt, dann könnte dies negative Folgen für das Unternehmen haben. Womöglich könnte es sogar dazu führen, dass der Nutzer die Beziehung zum Unternehmen beendet. Doch auch hier ist es bedeutsam, außerhalb der Kategorien gut und schlecht zu denken, sondern eher daran zu denken, dass man aus jedem Experiment lernt und zum Beispiel aus dieser Nutzererfahrung lernen kann, wie wichtig ein bestimmtes Wertversprechen für den Nutzer ist. Außerdem gibt es zahlreiche Mittel, um den Einfluss von Experimenten auf eine minimale

Kundschaft zu beschränken, sodass nur eine hinreichende kleine Nutzergruppe von dem Experiment erfährt. Letztlich ist dies sogar eine Herausforderung, die sich technisch lösen lässt, indem die vorhandenen Nutzermanagement-Systeme so genutzt werden, dass nur eine ganz bestimmte Untergruppe der Kundschaft für ein Experiment ausgewählt wird.

Typisch ist ebenfalls, dass Fehler und Probleme im Unternehmen, besonders vom Management, verschwiegen werden (Goran et al. 2017). Sie werden als Schwäche interpretiert und schaden so eher dem persönlichen Weiterkommen. Auch hier kann im Kleinen ein Beispiel gesetzt werden und selbstsicher sowohl von Erfolgen als auch von Niederlagen oder fehlgeschlagenen Experimenten berichtet werden. Entscheidend dabei ist, dass von Beginn an die Methodik betont und stets kommuniziert wird, dass etwas untersucht wird, worauf es momentan keine Antwort gibt. Bei einer korrekten Anwendung der Methodik und dem ständigen Kommunizieren innerhalb des Unternehmens ist ein fehlgeschlagenes Experiment mitsamt gewonnenen Erkenntnissen für das Unternehmen eher eine Stärke als eine Schwäche.

Gerade im Management stellt sich bei der Einführung eines experimentellen Frameworks die Frage, was nun die Aufgabe des Managements ist, wenn die Entscheidungsfindung allein durch Experimente und Daten erfolgt (Thomke 2020b). Diese Aussage ist etwas problematisch, denn weiterhin treffen Menschen und Teams eine Entscheidung. Die Experimente zeigen lediglich einen effizienteren und besseren Weg auf, die Entscheidung zu treffen. Dies sollten Manager zur Kenntnis nehmen und nutzen, um Entscheidungen zu treffen. Statt ausführliche Berichte, Marktanalysen und Expertenmeinungen zu bewerten und darauf basierend eine Entscheidung zu treffen, gibt es nun eine bessere Grundlage, die auch viel verlässlicher ist, nämlich ein Experiment. Außerdem ist es infrastrukturell nicht gerade einfach, eine solche Art der Entscheidungsfindung zu fördern, und es ist auch hier Aufgabe des Managers, dies zu ermöglichen.

Zuletzt gibt es oftmals Entscheidungen, die zwar laut den Daten aus Experimenten klar in eine Richtung gehen, die man aber nicht für sich nutzt, weil man sie ethisch zum Beispiel für nicht vertretbar hält (Kohavi et al. 2020). Gerade bei Fragen zur Personalisierung von bestimmten Inhalten kann es passieren, dass eine bestimmte Herkunft, ein Geschlecht oder eine Religion diskriminiert wird. Und genau hier kann es vorkommen, dass die Entscheidung getroffen wird, einem Experiment nicht zu folgen, auch wenn es laut dem eigentlichen Framework angebracht wäre. Wichtig ist, dass diese Entscheidung bewusst getroffen wird und auch klar so kommuniziert wird. Wie bei allen Entscheidungen gibt es immer Gründe, die angeführt werden können, um beispielsweise einer Datenlage nicht zu folgen. Insbesondere bei ethischen Fragen ist dies meist auch angebracht und verständlich, sofern es vom Unternehmen klar kommuniziert wird.

Die aufgeführten Mechanismen und Einwände kommen häufig in etablierten Unternehmen vor. Im Folgenden wird erläutert, welche Prinzipien oder Leitsätze für den Aufbau von strategischen Experimenten sinnvoll anzuwenden sind und welche Kultur nötig ist, um einen skalierbaren Prozess zu etablieren, der dazu führt, kontinuierlich Experimente durchzuführen.

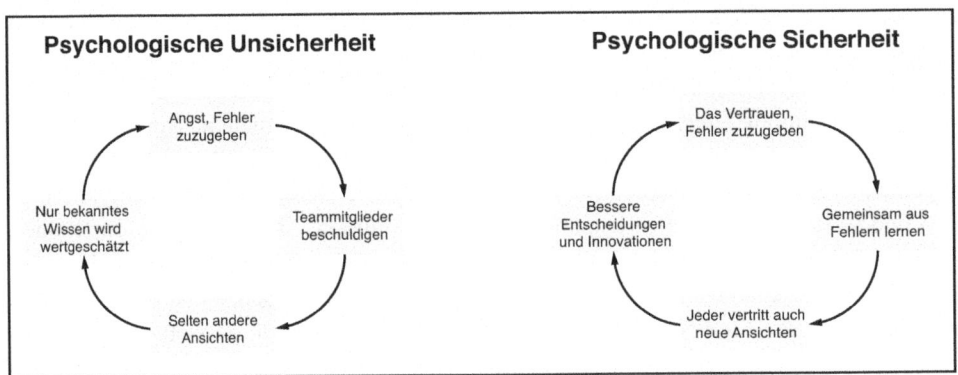

Abb. 4.1 Das Konzept der psychologischen Sicherheit

Ein entscheidendes Konzept für die Anwendung von Experimenten ist die Idee von psychologischer Sicherheit (Rozovsky 2015) (siehe Abb. 4.1). In einer Studie von Google wurden viele erfolgreiche Teams analysiert und dabei wurde festgestellt, dass es vor allem wichtig ist, wie die Teams zusammenarbeiten. Insbesondere war wichtig, dass sich die Mitarbeiter psychologisch sicher fühlten, Risiken eingingen und sich auch verwundbar gegenüber ihren Kollegen zeigten. Die Teams hatten also das Gefühl, dass die einzelnen Teammitglieder sie selbst sein konnten, ohne darauf hingewiesen zu werden, sich anders zu verhalten. Dieses Gefühl ist vor allem bei Interaktionen miteinander wichtig. Jedes Teammitglied soll sich ermutigt fühlen, beispielsweise in Team Meetings selbst etwas zu sagen, was es gerade denkt und für wichtig hält. Dieses Konzept ist auch für die Anwendung von Experimenten entscheidend. Denn, wie bereits erwähnt, die meisten Experimente scheitern, und nur wer sich sicher fühlt, Risiken zu akzeptieren und dieses Scheitern auch als neue Erkenntnis zu sehen und gegenüber anderen Mitarbeitern zu präsentieren, kann diese Kultur auch annehmen. Die Erschaffung einer psychologischen Sicherheit für alle Teammitglieder ist ein wichtiges Ziel für jede Führungskraft. Im Folgenden werden einige Vorschläge gemacht, wie dieses Ziel zu erreichen ist.

Es ist bedeutsam, jede Art von Beitrag, insbesondere Ideen oder Hypothesen von einzelnen Mitarbeitern, wertzuschätzen und zu fördern. Jedes Teammitglied sollte verstanden haben, dass diese Art von Ideen gewünscht ist, und sich sicher fühlen, diese auch immer vorschlagen zu können. Zudem sollte auch jede Art von Feedback zu Experimenten erwünscht sein und gefördert werden. Sollten Ergebnisse hinterfragt werden oder der derzeitige Entwicklungsprozess kritisiert werden, dann sollte diese Diskussion immer angenommen werden und dem Teammitglied sollte explizit gedankt werden für den Beitrag.

Das Management sollte auch nicht nur nach den nächsten Features oder Entwicklungen fragen, sondern vielmehr erwarten, dass neue Features getestet werden mithilfe eines Plans, bevor sie entwickelt werden, um eine Vorstellung von der Wirkung auf die Nutzergruppen zu haben. Dies hilft dem Management ebenso bei den Erwartungen an ein neues Produkt oder ein neues Feature. Erfahrungsgemäß kommt es gerade bei der Einstellung von neuen Mitarbeitern, die im Produktmanagement tätig sind, häufig vor, dass sie nach möglichen neuen Features für das Produkt gefragt werden. Dies suggeriert, dass der Produktmanager für seine neuen Ideen angestellt wird. Vielmehr sollte jedoch die Denkweise des Produktmanagers überprüft werden und man sollte ihn danach bewerten, wie er sich einem neuen möglichen Feature nähert und versucht, es zu validieren. Ideen für neue Features gibt es meistens genügend.

Darüber hinaus sollte auch berücksichtigt werden, dass die meisten Ideen nicht offensichtlich sind. Paul Graham nannte die Suche nach einer richtig guten Start-up-Idee einmal Black Swan Farming (Graham 2012). Damit beschreibt er, dass es eine kleine Überschneidung zwischen einer guten Idee und einer scheinbar schlechten Idee gibt und genau diese Idee ist normalerweise die beste Idee für ein neues Start-up (siehe Abb. 4.2). Das Potenzial dieser Ideen ist zunächst einmal nicht greifbar. Insbesondere größere Firmen lehnen Ideen dieser Art eher ab. Mitarbeiter sollten lieber dazu übergehen, ihre Idee als ein Experiment vorzustellen, um in eine andere Art von Diskussion mit ihren Vorgesetzten zu kommen. Eine auch nicht ganz offensichtliche Idee zuzulassen, von der man nicht selbst überzeugt ist, kann also zu einem großen Erfolg für das Unternehmen führen, wenn man sie in einem Experiment einfach einmal austestet. Als Beispiel führt Graham die Idee von Facebook an. Natürlich klingt heute das Geschäftsmodell von Facebook als offensichtlich erfolgreich und jeder hat verstanden, warum Facebook so erfolgreich geworden ist, doch zu Beginn dachte Graham nur, dass der Markt für Facebook eine recht kleine Nische (Studenten) ist, die kein Geld haben, und man Facebook nur für Dinge verwendet, die nicht wichtig sind und nur dem Zeitvertreib dienen. Ähnlich war es zum Beispiel in der Frühphase von Google, nicht, weil die Idee einer Suchmaschine nicht attraktiv klang, sondern vielmehr, weil es schon so viele Suchmaschinen gab und es schien, als wäre kein Platz mehr für eine weitere.

Ein weiterer wichtiger Bestandteil der Kultur eines Unternehmens ist, dass ein Unternehmen sowohl Gewinne als auch Niederlagen eines Experiments feiern sollte. Wie bereits

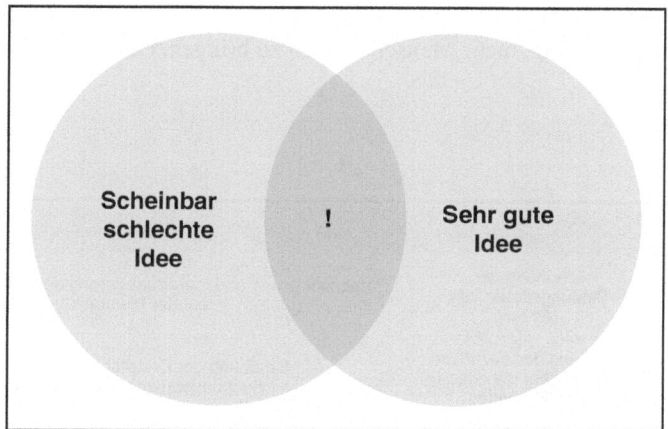

Abb. 4.2 Das Venn-Diagramm von Peter Thiel

erwähnt, sind diese Kategorien für ein Experiment problematisch, weil beim Experimentieren eher zusätzliche Erkenntnisse gewonnen werden. Diese Art von Verhalten wird dazu führen, dass das Unternehmen sich bemüht, mehr Experimente zu fahren und ständig neue Dinge zu lernen. Eine Skalierung des Prozesses für das Experimentieren wird dadurch gefördert. Gerade als Führungskraft mit Fehlschlägen oder Niederlagen in dieser Art und Weise umzugehen, ist wichtig, um die psychologische Sicherheit der Mitarbeiter zu fördern und ihnen das Gefühl zu geben, dass dies ein Teil des Prozesses ist.

Zwar wird noch genauer darauf eingegangen, aber es ist auch bedeutsam, nach genau diesen Eigenschaften neue Mitarbeiter einzustellen (Dweck 2017), im Besonderen bei Positionen, die viel mit dem Produkt und den Produktdaten arbeiten. Natürlich ist es nicht einfach, ein solches Mindset in einem kurzen Interview festzustellen, doch es hat sich jedenfalls als nützlich erwiesen, dass der Bewerber einen Datensatz in einen Kontext setzen muss, also anhand von bestimmten Daten eine Geschichte erzählen muss, die erklärt, was die Daten aussagen. Wenn ihm das gelingt, dann kann er üblicherweise auch mit einem Experiment und den entsprechenden Daten gut umgehen. Letztlich ist dieser Mix an Eigenschaften und Fähigkeiten genau das, was das Team für das Experimentieren braucht. Daten sind natürlich die Grundlage, aber der Produktmanager muss auf Basis dieser Daten nicht nur das Offensichtliche erkennen, sondern auch ableiten können, warum sich diese Daten so entwickelt haben, und entsprechend Hypothesen formulieren, die es dann letztlich zu testen gilt.

Eine weitere wichtige Eigenschaft speziell von Führungskräften ist, sich auf die richtigen Metriken zu fokussieren und diese für die Unternehmen sorgfältig auszusuchen. Denn nur dadurch wird eine klare Richtung vorgegeben. Während beispielsweise Netflix versucht, einen Nutzer möglichst lange zu binden und seinen Customer Lifetime Value zu erhöhen, geht es bei booking.com eher darum, die Anzahl an Buchungen, die genau jetzt stattfinden, zu erhöhen. Beide Unternehmen sind zwar bekannt für ihre Experimentierfreude, doch sieht man diese unterschiedlichen Zielsetzungen im Auftreten und den Tests, die sie fahren. Während Netflix eher auf eine Personalisierung seiner Inhalte achtet, um Nutzer zu binden, versucht booking.com durch große Mengen an Hinweisen auf die Dringlichkeit der Buchung, mehr Menschen dazu zu bringen, eine Reise zu buchen (siehe Abb. 4.3).

Unternehmen	Ziel	Experimente
Netflix	Erhöhung der Bindungsdauer von Nutzern	Personalisierung und Individualisierung der Nutzererfahrung auf der Plattform
Booking.com	Erhöhung der Anzahl an Buchungen, die genau jetzt stattfinden	Erhöhung der Dringlichkeit im Rahmen des Buchungsprozesses auf der Plattform

Abb. 4.3 Unternehmen und ihre Ziele

Aus diesen Leitsätzen ergeben sich für Mitarbeiter und Führungskräfte Vorgaben, die verdeutlichen, worauf sie sich fokussieren sollten.

Teams sollten darauf achten, so viele Experimente wie möglich zu fahren, was auf vielerlei Arten erreicht werden kann. Zunächst einmal ergibt es sich oft, dass bestimmte Teams oder sogar einzelne Teammitglieder weiter fortgeschrittene Kenntnisse rund um Experimente haben als andere. Ziel muss es sein, auch die anderen Teams von diesem Wissen profitieren zu lassen und viel mehr in interne Weiterbildungen und Best Practices zu investieren. Es kann z. B. auch als Ziel der jeweiligen Teams aufgenommen werden, dass ein gewisser Prozentsatz an Experimenten von ihnen stammen muss. Außerdem können offene Experiment Reviews veranstaltet werden. Dort werden mögliche Hypothesen formuliert, kritisiert und verbessert, um den jeweiligen Experiment Owners Feedback zu geben. Außerdem werden dort die Ergebnisse der Experimente vorgestellt, kritisiert und gefeiert. Weiterhin könnte versucht werden, die Experimentierplattform tief in das eigentliche Produkt zu integrieren, wodurch erreicht werden kann, dass es für einen Entwickler keinen Unterschied macht, ob er am Produkt selbst oder einem Experiment arbeitet. Es wird also ermöglicht, sehr einfach ein Experiment in den Entwicklungsprozess aufzunehmen. Genauso sollte es möglich sein, alle Metriken zu tracken ohne viel manuelle Arbeit für den jeweils für die Experimente verantwortlichen Manager.

Auch Führungskräfte sollten sich auf die Geschwindigkeit für Experimente fokussieren. Zunächst sollte es sehr einfach sein, dass ein Experiment gestartet wird. Normalerweise sind Produktentwicklungsprozesse innerhalb eines großen Unternehmens besonders strikt geregelt und sollten möglichst nicht umgangen werden. Dennoch sollte es einfacher sein, bei Experimenten Teile des Prozesses bewusst zu umgehen. Außerdem sollten die Teams eine bestimmte Gruppe als Experten zur methodischen Umsetzung um Rat fragen können. Es kann quasi eine Art Team gebildet werden, das immer für die restlichen Teams ansprechbar ist. Dieses Team sollte auch entsprechende Ziele in den Team OKRs haben. Natürlich sollten alle diese Besonderheiten, die für Experimente gelten, detailliert mit den bestehenden Teams abgesprochen werden, sodass auch entsprechende Prozesse und Ressourcen dafür bereitgestellt werden können. Im Kern geht es darum, dass die Produktentwicklung auf Basis von Experimenten schneller voranschreiten sollte als die gewöhnliche Produktentwicklung von bereits validierten Features.

4.3 Eine Sache der Einstellung

Die Unterscheidung zwischen Growth Mindset und Fixed Mindset ist ein häufig verwendetes Konzept in jungen und schnell wachsenden Unternehmen (Dweck 2017). Es wurde ursprünglich von Carol Dweck an der Stanford University entwickelt und sie beschreibt damit grundlegende Denkweisen von Menschen.

Zunächst wird zwischen zwei Denkweisen unterschieden (siehe Abb. 4.4). Glaubt man, dass Intelligenz, Talent und Fähigkeiten zu einem hohen Grad feststehen und man diese von Geburt an hat, dann handelt es sich um ein Fixed Mindset. Das zeigt sich besonders

Fixed Mindset	Growth Mindset
Man wird mit bestimmten Eigenschaften geboren und kann sie kaum neu erlernen	Man kann alle Eigenschaften erlernen und sich immer verändern
Vermeidung von Herausforderungen	Annahme von Herausforderungen
Bei leichten Hindernissen schon aufgeben	Trotz Hindernissen nicht locker lassen
Anstrengung wird als nicht lohnenswert gesehen	Nur mit Anstrengung kann das Ziel erreicht werden
Konstruktives Feedback wird ignoriert	Aus konstruktivem Feedback wird gelernt
Vom Erfolg von anderen fühlt man sich eingeschüchtert	Vom Erfolg von anderen fühlt man sich inspiriert

Abb. 4.4 Unterscheidung von Growth und Fixed Mindset

dadurch, dass man vergangene Erfolge feiert und diese auch möglichst häufig nach außen zur Schau stellt. Andererseits gibt es das Growth Mindset. Hier sind Menschen fest davon überzeugt, dass alle Fähigkeiten durch Übungen erworben werden können und Intelligenz sowie Talent eine eher geringe Rolle spielen, wenn es darum geht, etwas zu lernen. Der Mensch kann zwischen diesen beiden Denkweisen hin- und herwechseln.

Diese Denkweisen haben aber wesentliche Auswirkungen auf das Verhalten in allen Bereichen des Lebens. Beim Fixed Mindset ist es eher demotivierend, eine neue Eigenschaft zu erlernen, und man denkt ständig daran, dass man gegenüber anderen Menschen mit Vorkenntnissen und Talenten einen Nachteil hat. Beim Growth Mindset ist es dagegen viel spannender, neue Dinge zu lernen, auch wenn es etwas länger dauert als bei anderen Menschen. Letztlich hilft die damit verbrachte Zeit dem Menschen weiter, einen Sachverhalt besser zu verstehen.

Die verschiedenen Denkweisen führen also zu einem unterschiedlichen Ansatz, wenn es darum geht, neue Dinge zu lernen. Dieses Konzept ist auch auf den Aufbau einer Unternehmenskultur übertragbar. Nur wer mit einem Growth Mindset ausgestattet ist, kann verstehen, dass das Scheitern von Projekten auch ein Teil des Lernprozesses ist und dazugehört. Daher sollte man sich nicht scheuen, etwas Neues auszuprobieren, selbst wenn man dabei anfangs keinen Erfolg haben wird und womöglich auch öffentlich scheitern wird. Zudem ist etwa Feedback für ein Growth Mindset eher angenehm und Teil des Lernprozesses, während ein Fixed Mindset dieses eher vermeiden wird.

Das Growth Mindset ist entscheidend sowohl im Team als auch im Management eines Unternehmens, um Experimente zuzulassen und Projekte anzugehen. Der Gründer von Labfresh beschreibt, dass, schon bei der Einstellung darauf geachtet werden sollte, dass die neuen Mitarbeiter ein Growth Mindset haben (Growth Tribe 2019). Dies ist häufig der Fall bei einem Start-up, denn dort sind die Funktionen in der frühen Phase selten sehr gut aufgeteilt geschweige denn durch erfahrene Mitarbeiter besetzt. Wenn es also darum geht, etwas zum ersten Mal zu erledigen, wie beispielsweise eine Facebook-Werbung zu veröffentlichen, dann wird es vermutlich niemanden geben, der eine umfassende Einführung in das Thema gibt oder die unternehmensinternen Prozesse beschreibt. Der Mitarbeiter ist auf sich allein gestellt und muss selbst verstehen, wie er das Projekt angeht und sich selbst beibringt, die Facebook-Werbung zu veröffentlichen. Diese Mentalität ist in Start-ups wie Labfresh nötig, denn einerseits kann das Unternehmen es in diesem Stadium noch gar nicht leisten, einen Mitarbeiter abzustellen, um einen neuen Mitarbeiter in ein Thema einzuführen, andererseits schafft es das Unternehmen so, sehr viel schneller zu arbeiten, weil alle Teams unabhängig voneinander arbeiten.

Literatur

Atzberger A (2021) It's time leaders democratize experimentation. Here are 4 ways how. https://www.fastcompany.com/90613639/its-time-leaders-democratize-experimentation-here-are-4-ways-how. Zugegriffen am 22.10.2021

Brady T (2019) Building culture. https://www.ycombinator.com/library/6r-building-culture. Zugegriffen am 22.10.2021

Dweck C (2017) Mindset – updated edition: changing the way you think to fulfil your potential. Robinson, New York City

Elbanna S (2006) Strategic decision-making: process perspectives. Int J Manag Rev 8(1):1–20

Goran J, LaBerge L, Srinivasan R (2017) Culture for a digital age. https://www.mckinsey.com/business-functions/mckinsey-digital/our-insights/culture-for-a-digital-age. Zugegriffen am 22.10.2021

Graham P (2012) Black swan farming. http://www.paulgraham.com/swan.html. Zugegriffen am 22.10.2021

Growth Tribe (2019) How to develop a growth mindset. https://youtu.be/dcySPorgLFE. Zugegriffen am 22.10.2021

Kohavi R, Tang D, Xu Y (2020) Trustworthy online controlled experiments: a practical guide to A/B testing. Cambridge University Press, Cambridge

Koning R, Hasan S, Chatterji A (2020) Digital experimentation and startup performance: Evidence from A/B testing. Working paper

Olito F (2020) The rise and fall of Blockbuster. https://www.businessinsider.com/rise-and-fall-of-blockbuster. Zugegriffen am 22.10.2021

Porter R (2003) Die Kunst des Heilens. Eine medizinische Geschichte der Menschheit von der Antike bis heute. https://www.amazon.de/Heilens-medizinische-Geschichte-Menschheit-Antike/dp/3827414547. Zugegriffen am 22.10.2021

Rozovsky J (2015) The five keys to a successful Google team. https://rework.withgoogle.com/blog/five-keys-to-a-successful-google-team/. Zugegriffen am 22.10.2021

Thomke S (2020a) Experimentation works: the surprising power of business experiments. Harvard Business Review Press, Watertown

Thomke S (2020b) Building a culture of experimentation. https://hbr.org/2020/03/building-a-culture-of-experimentation. Zugegriffen am 22.10.2021

Walker B, Soule S (2017) Changing company culture requires a movement, not a mandate. https://hbr.org/2017/06/changing-company-culture-requires-a-movement-not-a-mandate. Zugegriffen am 22.10.2021

Tooling zum Experimentieren

5

5.1 Ein Überblick

Die Landschaft an Tools entwickelt sich rasant und jedes Jahr etablieren sich neue Tools für alle Arten von Funktionen mit einer Nutzeranzahl in Millionenhöhe. Daher ist es auch schwer, immer einen aktuellen Überblick über alle Tools und Unternehmen zu geben, die diese anbieten. In diesem Kapitel soll es allerdings eher darum gehen, eine Entwicklung aufzuzeigen und grundlegende Veränderungen zu beschreiben, die für das Tooling in Bezug auf das Experimentieren relevant sind.

Es gibt viele verschiedene Tools, die einem Unternehmen dabei helfen können, Experimente durchzuführen. Diese Tools können einerseits vom Unternehmen selbst entwickelt werden oder von Drittanbietern hinzugekauft werden. Diese Make-or-Buy-Entscheidung tritt sehr oft bei Technologieunternehmen auf. Gerade bei jungen Unternehmen, die nicht sehr viele eigene Ressourcen zur Verfügung haben, werden in hohem Maße Tools von Drittanbietern hinzugekauft. Oftmals werden nur zentrale Elemente wie eine Mobile App oder eine Applikation vom Unternehmen selbst entwickelt.

Reddit

Ein Beispiel für die Nutzung von Drittanbietern auch bei etablierten Unternehmen ist die Community-Plattform Reddit. Die Webapplikation und die Mobile App für Android und iOS wurden von den Entwicklern bei Reddit selbst entwickelt und können als Kern des Unternehmens bezeichnet werden. Reddit möchte allerdings in bestimmten Situationen auch E-Mails an die vielen Millionen Nutzer schicken, die auf der Plattform aktiv sind. Manchmal gibt es eine neue Nachricht für den Nutzer oder Reddit selbst hat ein neues Feature veröffentlicht, über das die Plattform den Nutzer informieren möchte. Eine solche Funktion zu entwickeln kostet Zeit und Reddit hat sich dafür entschieden,

N. Stotz, *Experimentelle Produktentwicklung*, https://doi.org/10.1007/978-3-662-65467-5_5

eine bereits vorhandene Lösung zu verwenden. Der Drittanbieter customer.io ermöglicht es Reddit mit seinem, E-Mails in verschiedenen Variationen zu senden. Somit wurde bei der Entwicklung dieser Funktion Zeit gespart, weil sie nicht Kern des Produkts ist. ◀

Mitunter kann es sich bei den Make-or-Buy-Entscheidungen um strategische Entscheidungen handeln, die oft auf höchster Managementebene entschieden werden. Wichtig ist dabei immer zu verstehen, dass es sich bei diesen Entscheidungen aber selten um endgültige Entscheidungen handelt. Vielmehr ist es möglich, von einer eigens gebauten Software auf einen Drittanbieter umzusteigen, genauso ist aber möglich, von einem Drittanbieter auf eine eigens entwickelte Software zu wechseln. Gerade durch die zunehmende Atomisierung der Funktionen von verschiedenen Tools kann ohne hohe Implementierungskosten Software ausgetauscht werden, ohne allzu viel Zeit des Entwicklungsteams in Anspruch zu nehmen.

Eine ähnliche Frage stellt sich für ein Unternehmen auch bei Entscheidung, ob es eine Plattform für das Experimentieren selbst entwickelt oder hinzukauft. Oft wird auch hier entschieden, die Plattform erst von Drittanbietern zu kaufen und später selbst zu entwickeln. Größere Tech-Firmen wie Spotify oder Facebook haben natürlich längst eigens entwickelte Plattformen und nutzen keine Drittanbieter mehr. Nachfolgend werden zunächst die Tools von Drittanbietern vorgestellt. Zwar unterscheiden sich die Angaben teilweise erheblich, Marktführer im A/B-Testing-Bereich ist Optimizely (Datanyze 2021). Wie es zu dieser Marktführerschaft kam, ist eine beispielhafte Geschichte, die kurz erzählt werden soll.

Reddit

In den frühen 2000er-Jahren war es ohne Programmierkenntnisse schwer, genau zu verstehen, wie man eine Applikation oder eine Website bauen sollte. Viel schwieriger war es jedoch zu testen, welche Elemente auf einer Website besser funktionieren als andere. Im Grunde gab es nur ein Tool namens Google Website Optimizer. Genau wie die Idee des Online-A/B-Testings war auch das Tool von Google noch in einer sehr frühen Entwicklungsphase: Es sah grundsätzlich schwerfällig aus und man musste sich sehr viele Gedanken über die A/B-Tests machen, um dann letztendlich sogar Script Tags in verschiedene Sektionen der Website zu schreiben. Dazu gab es keine Visualisierung der Ergebnisse eines Tests oder Experiments. Insgesamt handelte es sich ein insbesondere für Marketer oder Produktmanager schwer zugängliches Tool, das eher von Entwicklern selbst benutzt werden konnte. Das war problematisch, denn letztlich sind es die Marketer und Produktmanager, die direkt mit den Nutzern interagieren und am besten einschätzen können, an welcher Stelle A/B-Testing sinnvoll ist.

Dieses Problem wurde mit dem Start von Optimizely im Jahre 2010 gelöst. Die ehemaligen Mitarbeiter von Google Dan Siroker und Pete Koonen haben erkannt, dass sie das A/B-Testing auch nicht-technischen Produktentwicklern zugänglich machen mussten und es dabei sogar möglich ist, auf einige technische Funktionalitäten von Google zu verzichten. Um Optimizely zu nutzen, reicht es, eine einzige Zeile Java-Script Code auf die Website hinzuzufügen, und man kann markieren, welche Elemente man auf einer Website testen wollte (Shah 2021). Damit handelt es sich um einen wesentlich einfacheren Prozess als bei Google Website Optimizer. Das A/B-Testing auf diese Art und Weise anzugehen revolutionierte den Markt für A/B-Testing Tools, und Optimizely gelang es zwischenzeitlich, einen Marktanteil von über 75 % zu erreichen. Zwar ist die Dominanz von Optimizely heute sicherlich nicht mehr so stark, aber das Tool kann sich bis heute als Marktführer behaupten. ◄

Google hat den Google Website Optimizer im Jahre 2012 vom Markt genommen, aber im Jahre 2016 begonnen, ein neues Tool namens Google Optimize zu testen. Im Jahre 2017 kam das Programm auf den Markt (Mullin 2020). Dabei gibt es zwei Besonderheiten. Einerseits ist Google Optimize tief in die anderen Google Tools, insbesondere Google Analytics integriert und damit häufig einfach zu integrieren. Andererseits ist es in der Basisversion kostenlos und ähnlich wie Google Analytics nur mit einer skalierbaren Version kostenpflichtig. Beide Eigenschaften können sowohl als Vorteil als auch als Nachteil des Tools gesehen werden. Optimizely und Google Optimize werden am häufigsten genannt, wenn es um Plattformen und A/B-Tests auf Webseiten und mobilen Applikationen geht.

Es gibt natürlich noch eine große Anzahl weiterer Tools, die allerdings einen weniger großen Marktanteil als Google und Optimizely halten (siehe Abb. 5.1). Manche wurden bereits aufgekauft oder sind nicht mehr weiter operativ tätig: AB Tasty, Adobe Target, Experiment.ly, Omniture Adobe Test and Target, Optimost, Split Optimizer, and Visual Website Optimizer (Koning et al. 2020).

Ein Unternehmen, das in A/B-Testing-Plattformen investieren möchte, steht also vor der Entscheidung, selbst eine Plattform für seine individuellen Bedürfnisse zu entwickeln oder einen bereits existierenden Drittanbieter zu nutzen. Bei letzterer Entscheidung stehen außerdem viele verschiedene Anbieter zur Auswahl. Auch hier hängt die Entscheidung

Abb. 5.1 A/B-Testing-Unternehmen und ihr Gründungsjahr

Unternehmen	Gründung
Experiment.ly	2009
VWO	2009
AB Tasty	2009
Optimizely	2010
Adobe Target	2013
Google Optimize	2017

von vielen unternehmensinternen Variablen ab. Doch es ist zu betonen, dass es wichtig ist, früh mit dem Experimentieren zu beginnen und stufenweise fehlende Funktionen hinzuzufügen.

Zu Beginn wurde bereits beschrieben, dass oft für bestimmte Funktionen wie das Versenden von E-Mails die Tools von Drittanbietern genutzt werden. Bei vielen weiteren häufig verwendeten Funktionen wie zum Beispiel Facebook Ads, Google Ads oder Landing Pages verhält sich dies ähnlich. Hier ist es bereits möglich, ohne Weiteres das A/B-Testing innerhalb des Tools zu starten. Teilweise ermöglichen und fördern die Tools selbst die Vorteile von A/B-Testing.

Im Falle von E-Mails ist es wichtig zu verstehen, wie diese aufgebaut sein muss, um ein bestimmtes Nutzerverhalten zu erreichen. Customer.io bietet deshalb an, dass verschiedene Versionen an den Nutzer gesendet werden können. Dabei können alle Elemente der E-Mail variiert werden, wie beispielsweise Betreffzeile, Text oder Design. In der Benutzeroberfläche von Customer.io selbst ist es dann möglich zu sehen, welche Version die besseren Metriken hervorbringt. Das Gleiche gilt für Landing Pages. Tools wie Unbounce oder Instapage ermöglichen es, mehrere Versionen der Seite zu erstellen, die dem Nutzer randomisiert angezeigt werden, wenn er eine bestimmte Domain eingibt. Auch hier werden typische Metriken, wie z. B. Verweildauer auf der Website, wie häufig ein Link auf der Website geklickt wird, verwendet, um den Erfolg zu messen.

Mittels A/B-Tests zu experimentieren, sollte von Marketern genutzt werden, weil dies bereits im kleinsten Rahmen möglich ist und ohne größeren Aufwand bereits integriert ist. Interessanterweise werden diese Möglichkeiten für viele Unternehmen später wieder zu einer Herausforderung. Wenn das Unternehmen nämlich eine eigene Plattform für die Analyse von Experimenten entwickelt hat, müssen die Ergebnisse der Drittanbieter-Plattformen wieder integriert werden. Vermutlich wird die zunehmende Konsolidierung der Dateninfrastruktur, insbesondere die zentrale Speicherung aller Daten in einem Data Warehouse, dazu beitragen, hier auch eine bessere Lösung zu finden. Gerade die Übertragung von Erkenntnissen über das Nutzerverhalten, die im Rahmen von Experimenten auf der Website eruiert hat, auf neue Produktelemente oder beispielsweise die Mobile App selbst hat vermutlich großes Potenzial, besser ausgebaut und im Rahmen von entsprechenden Plattformen besser analysiert zu werden.

5.2 Die wichtigsten Features

Mögliche Funktionen und Features von Plattformen für das Experimentieren wurden bereits mehrfach beschrieben. An dieser Stelle soll umfassend beschrieben werden, welche Funktionen eine Plattform haben sollte. Das ist besonders dann relevant, wenn sich ein Unternehmen dafür entscheidet, selbst eine Plattform zu entwickeln. Infrastrukturell kostet diese Aufgabe sehr viel Zeit und Energie von mehreren Teams. Eine Auflistung von möglichen Features wie im Folgenden soll dabei helfen, die Anforderungen schon in einer sehr frühen Phase diskutieren zu können.

Zunächst einmal ist es wichtig, dass vor dem Bau oder der Konzipierung einer Plattform bereits ein etablierter Prozess vorhanden ist. Ohne etablierten Prozess besteht ein
hohes Risiko, dass die Experimentierplattform nicht korrekt genutzt wird und letztlich
fehlerhafte Ergebnisse produziert. Oft werden auch spezielle Programme entwickelt, um
die Mitarbeiter eines Unternehmens intern über die korrekte Anwendung der Plattform zu
unterrichten. Bevor also mit dem Ausbau einer eigenen Plattform begonnen wird, sollte
der Prozess so gut wie möglich verstanden und verfeinert werden. Es ist grundsätzlich
möglich, mittels manueller Arbeit viele Funktionen einer Plattform zu übernehmen und
erst wenn klar ist, welche Elemente des Prozesses etabliert sind, diese auch in die Plattform selbst zu integrieren. Beispielsweise kann statt eines zentralen Ortes für die Aufbewahrung und Strukturierung von Experimenten ein Ordner in Google Drive angelegt werden, auf dem alle Experimente mithilfe eines Google Docs Templates aufgenommen
werden. Hierbei muss sichergestellt werden, dass alle Experimente dort auch abge-
legt werden.

Ist ein Prozess etabliert, dann ist es wichtig alle Experimente auf der Plattform zu erstellen, zu spezifizieren und zu speichern, damit alle Experimente an einem zentralen Ort
und in einer strukturierten Form hinterlegt werden (Kohavi et al. 2020). Dabei folgen die
Anforderungen an die Beschreibung der Experimente dem bereits etablierten Prozess. So
könnte beispielsweise bereits ein Peer-Review bei der Aufstellung einer validierbaren Hypothese stattfinden und in einer frühen Phase offensichtliche Fehler abgewendet werden.
Im Optimalfall kann diese Validierung natürlich auch innerhalb der Plattform und ohne
(manuelles) Peer-Review stattfinden.

Zusätzlich zu diesem eher administrativen Element sollte es auch möglich sein zu verfolgen, wie die Experimente zeitlich ablaufen. Hierfür könnten beispielsweise anschauliche Visualisierungen und vielleicht sogar Metriken verwendet werden, um die Anzahl der
gleichzeitig stattfindenden Experimente zu messen. Um die Experimente innerhalb der
eigenen Infrastruktur auseinanderzuhalten, empfiehlt es sich, auch eine ID durch die Experimentierplattform zu vergeben.

Auch die Benutzerberechtigungen sollten sich am bereits etablierten Prozess der Unternehmen orientieren. So sollte möglichst vielen Teams ermöglicht werden, ein Experiment
anzulegen und zu starten. Ohne Absprache mit dem Verantwortlichen sollte allerdings in
den meisten Fällen ein Experiment nicht stattfinden. Dies muss im Berechtigungsmanagement des Tools geklärt werden. Das Berechtigungsmanagement ist ein wichtiges Element,
bei dem es insbesondere auf Absprachen ankommt, die bereits durch einen Prozess geklärt
worden sind. Möglicherweise können bei bestimmten Prozessen sogar Veto-Rechte vergeben werden, worüber einzelne Verantwortliche oder Teams gegen ein bestimmtes Experiment Widerspruch einlegen können und dann von der Plattform selbst ein Stopp des Experiments veranlasst wird.

Eine bereits erwähnte erweiterte Funktion wäre das automatische Beenden eines offensichtlich fehlgeschlagenen Experiments (Fabijan et al. 2017). Ein Experiment, das in einer
ersten Iteration signifikant negative Auswirkungen auf eine bestimmte Nutzergruppe
hatte, sollte auch nicht weiter ausgerollt, sondern mit entsprechendem Hinweis für alle

Beteiligten automatisch beendet werden. Hier ist auch darüber nachzudenken, ob eine bestimmte Toleranz für den Nutzer selbst konfigurierbar sein soll oder das Tool eher statischen Regeln folgt, die für alle Experimente gelten. Ein solches Feature gehört zu den fortgeschrittenen Merkmalen/Eigenschaften einer Experimentierplattform. Bei der Beendigung dieser Experimente sind bestimmte statistische Anforderungen an die Metriken des Experiments zu stellen, was ein hohes methodisches Verständnis aller beteiligten Teammitglieder erfordert. Diese Art von Funktion wird in einem späteren Kapitel erneut aufgenommen und ausführlicher beschrieben.

Ein weiteres Feature könnte die Benachrichtigung über abgeschlossene Experimente sein. Dabei kann das Tool bereits eine Basisübersicht weiterleiten, beispielsweise ob das Experiment erfolgreich war und nun (automatisch) weiter ausgerollt wird oder aufgrund des negativen Einflusses auf die Nutzer eher eingestellt wird. Diese Arten der Automatisierung sind auch für die unternehmensinterne Kommunikation von Experimenten von entscheidender Bedeutung. Wenn alle Experimente auf einer zentralen Plattform stattfinden, die vom Unternehmen selbst gebaut wurde, dann kann auch von einem klaren Prozess gesprochen werden, der verschiedene Abschnitte mit jeweils einem Anfang und einem Ende hat. Jedes Mal, wenn das Experiment einen neuen Abschnitt erreicht, kann eine automatisierte Benachrichtigung erfolgen. Diese Benachrichtigung muss nicht nur an den Verantwortlichen für das jeweilige Experiment erfolgen, sondern kann einfach an die gesamte Organisation im Rahmen des üblichen Kommunikationstools weitergegeben werden.

Eine Voraussetzung für viele weitere Funktionen ist die Möglichkeit, mit der Plattform eine Power Analysis anzufertigen (Fabijan et al. 2017). Dabei wird analysiert, wie groß die Stichprobe eines Experiments mindestens sein muss, damit eine Veränderung durch dieses festgestellt werden kann. Damit kann die Länge des Experiments besser eingeschätzt und so die Abfolge der Experimente besser koordiniert werden. Ein solches Feature ist ebenfalls von zentraler Bedeutung für die Planung und Ausgestaltung verschiedener Experimente. Die Organisation und Priorisierung von Experimenten verlangt den verantwortlichen Teams eine hohe Koordination ab und es wird immer wichtig sein, wie lange ein bestimmtes Experiment benötigt, um zu einem eindeutigen Ergebnis zu kommen. Dies spielt natürlich auch für die Priorisierung des Experiments eine Rolle und wird durch die Power Analysis ermöglicht.

Die Plattform sollte neben diesen Eigenschaften eine ausgeprägte Analyse aller Experimente ermöglichen, sowohl auf der Ebene des einzelnen Experiments als auch auf der Managementebene, deren Mitglieder eher auf die Anzahl der Experimente als auf den Ausgang eines jeden einzelnen Experiments achten. Verschiedene Dashboards in der Benutzeroberfläche eignen sich hierfür ideal. Auch bei der Gestaltung der Plattform gilt, wie bei der Präsentation der Ergebnisse aus den Experimenten eine adressatengerechte Aufbereitung anzustreben. Einerseits muss spezifisch auf die Ergebnisse von einzelnen Experimenten eingegangen werden, andererseits muss das Management sich schnell einen Überblick über die bisherige Performance des Teams verschaffen können.

Um die Plattform auch genau zu initialisieren, sollte ebenfalls eine automatische Initialisierung durch ein A/A-Vorexperiment stattfinden. Ein A/A-Test funktioniert im Grunde genauso wie ein A/B-Test. Der einzige Unterschied zum A/B-Test ist, dass beide Varianten des Tests identisch sind. Während man also beim A/B-Test überprüft, ob eine Version des Produkts eine bessere Conversion erzielt als eine andere, möchte man beim A/A-Test feststellen, dass es bei den gleichen Versionen eher keinen Unterschied gibt. Durch diese Methode wird die Genauigkeit des A/B-Testings kontrolliert und sichergestellt, dass keine statistischen Fehler bereits vor dem eigentlichen A/B-Tests vorliegen. Je nach unternehmensinternen Richtlinien und Gegebenheiten könnte diese Methode auch eine Voraussetzung für jedes Experiment sein, wobei zunächst einmal ein A/A-Test stattfindet, und nur wenn keine Dysbalancen festgestellt werden, eine der Gruppen in eine B-Gruppe umgewandelt wird.

Mit dem Anspruch, die Anzahl der Experimente ständig zu erhöhen und mehrere Teams in die Prozesse zu etablieren, sollte auch eine Kontrolle etabliert werden, die sicherstellt, dass mehrere Experimente nicht miteinander interagieren. Idealerweise sollte die Plattform selbst erkennen, dass eine Interaktion möglich ist, und entweder automatisiert eine entsprechende Verzögerung in ein Experiment einbauen oder den Verantwortlichen informieren. Auch hier geht es darum, eine geeignete Stichprobe zu gewährleisten. Alle Nutzer eines Produkts haben viele verschiedene Eigenschaften, wenn manche Nutzer bereits einem anderen Experiment ausgesetzt waren, dann hat dies möglicherweise auch Auswirkungen auf diese Eigenschaften, sollte entsprechend von der Plattform vermerkt und bei der Erstellung von neuen Stichproben berücksichtigt werden.

Die Plattform sollte auch das Problem lösen, dass manche Experimente negative Auswirkungen auf die Nutzer haben und deshalb bei weiteren Experimenten, die diese Gruppe in der Stichprobe hat, ungenaue Ergebnisse produziert werden (Fabijan et al. 2017). Dies sollte, wie zuvor beschrieben, die Plattform erkennen und die Stichprobe erneut randomisieren, um die Kontrollgruppe wieder brauchbar zu machen. Eine solche Konfiguration ist technisch sehr aufwendig und hat auch viele infrastrukturelle Auswirkungen auf die Plattform.

Die Plattform sollte zusätzlich die stetige Ausweitung des Experiments auf eine größere Nutzergruppe unterstützen. Die Idee, dass zunächst eine kleinere Gruppe von Nutzern dem Experiment ausgesetzt wird und dann allmählich mehr Nutzer herangezogen werden, gewährleistet, dass Experimente mit negativen Auswirkungen einer möglichst kleinen Gruppe ausgesetzt werden. Die Plattform kann dabei entweder den Verantwortlichen benachrichtigen, wenn verschiedene Stichprobengrößen erreicht wurden, oder sogar automatisiert die Experimente ausweiten.

Wie bereits erwähnt, sollte auch dafür Rechnung getragen werden, dass womöglich bestimmte Funktionen nicht aus der Infrastruktur des Unternehmens selbst gesteuert werden, sondern von Drittanbietern. Auch hier soll wieder das Beispiel der E-Mail-Funktion über customer.io dienen. Die Experimentierplattform könnte die Möglichkeit beinhalten, auch die Ergebnisse aus diesem Tool zu integrieren und in allen Berechnungen zur Kenntnis zu nehmen. Damit wäre es auch einfacher, die Infrastruktur nach und nach aufzubauen.

Dies gilt natürlich für jedes Element, dem der Nutzer im Rahmen seiner Erfahrung mit dem Produkt bereits begegnet ist. Beispielsweise könnte sogar schon eine Rolle spielen, wodurch der Nutzer auf das Produkt aufmerksam geworden ist.

5.3   Der Umgang mit neuen Tools

Die Make-or-Buy-Entscheidung wurde bereits erwähnt und wird im Folgenden ausführlicher dargestellt. Es gelten bei der Entscheidung, ob eine Plattform selbst entwickelt wird oder ein Tool wie beispielsweise Optimizely genutzt wird, die generellen Kriterien für diese Arten der Entscheidung. Auch bei der Buy-Entscheidung fallen möglicherweise unnötig hohe Transaktionskosten an und werden unerwünschte Abhängigkeiten zu einem Drittanbieter geschaffen. Das Ziel ist nicht an dieser Stelle, Kriterien für diese Entscheidung zur Verfügung zu stellen, weil sie erfahrungsgemäß immer unternehmensspezifisch mit einer Vielzahl von Kriterien ist. Es empfiehlt sich jedoch, diese Entscheidung bewusst zu treffen, alle wichtigen Ansprechpartner zu versammeln und diese zur Diskussion zu stellen. Im Übrigen handelt es sich hier um eine klassische Typ II-Entscheidung, sie ist also revidierbar. Es gibt viele Beispiele, in denen Unternehmen zunächst eine existierende Plattform genutzt haben und später selbst eine Plattform gebaut haben.

Oft geht es bei Experimenten gerade in jungen Unternehmen auch darum, völlig neue Funktionen zu testen und zu fragen, ob es sinnvoll ist, diese Funktion in das Produkt zu integrieren. Hierfür eignen sich in vielen Fällen die bereits existierenden Tools von Drittanbietern. Falls das Experiment funktioniert, kann das Tool in verschiedenen Iterationen tiefer in das Produkt integriert werden.

Beispiel

Als Beispiel soll dafür die Nutzung von Calendly dienen. Calendly ist ein Tool, das die Terminvereinbarung mit Nutzern und Interessenten vereinfacht. Beschließt ein Unternehmen nun, ein Informationsgespräch mit Nutzern anzubieten, das vorher nicht Teil des Produkts war, dann kann dies durch Calendly sehr schnell ermöglicht werden. In einem ersten Schritt kann dem Nutzer ein Link mit der Calendly-Benutzeroberfläche zugeschickt werden, auf der sich der Nutzer einen Termin aussuchen kann. Ein solches Tool selbst zu entwickeln und in den bestehenden Kalender zu integrieren würde bedeuten, eine lange Zeit an diesem Projekt zu arbeiten selbst mit vielen erfahrenen Entwicklern. Daher sollte erst ein Experiment genutzt werden, um zu verstehen, ob die Termine den gewünschten Effekt haben. Bei einem erfolgreichen Experiment könnte im nächsten Schritt die API (Application Programming Interface, Programmierschnittstelle) von Calendly benutzt werden, um nur die Benutzeroberfläche im eigenen Design zu erstellen. Nach erfolgreichem Abschluss dieses Schrittes kann im nächsten Schritt auch das Backend in das Produkt selbst integriert werden. ◄

Diese Art der stufenweisen Entwicklung mag in der beschriebenen Weise logisch klingen, allerdings gibt es auch Argumente, die dagegen vorgebracht werden können, insbesondere datenschutzrechtliche oder infrastrukturelle Gründe, denn schließlich arbeitet
man hier mit einem Drittanbieter zusammen. Ein Unternehmen steht bei der Make-or-
Buy-Frage also immer auch vor der Frage, wie viel Risiko es einzugehen bereit ist, um
schneller mit der Produktentwicklung fortzuschreiten. Beispielsweise werden auf Basis
des Industriezweigs eines Unternehmens unterschiedliche Kriterien an den Datenschutz
gestellt. Ein Unternehmen eines medizinischen Industriezweigs muss dabei regulatorisch
sehr viel vorsichtiger vorgehen als beispielsweise ein E-Commerce-Unternehmen für
Kleidung.

An dieser Stelle sollte auch die immer größer werdende Low-Code- und No-Code-
Bewegung angesprochen werden. Die Möglichkeiten, ohne selbst Code schreiben und
programmieren zu können, nehmen immer mehr zu und etwa durch Plattformen wie Bubble, Adalo oder Glide ist es möglich, eigenständige Web- und Mobile-Applikationen zu
erstellen. Diese Entwicklung hat enorme Auswirkungen auf die Geschwindigkeit der Produktentwicklung und Teamzusammenstellung in frühen Phasen eines Unternehmens. Sie
erlaubt Gründern ohne detaillierte Kenntnisse, selbst einen funktionierenden Prototyp ih-
res Produkts zu erstellen und damit nicht auf die Hilfe von anderen angewiesen zu sein.
Mithilfe von Plattformen wie Zapier oder Integromat können ganze Workflows program-
miert werden, ohne den Code anzupassen. Zwar werden diese Tools selbst immer kompli-
zierter und erfordern einiges an Vorwissen, jedoch haben sich auch hier Communities gebildet, die entweder das nötige Wissen vermitteln oder entsprechende Experten stellen,
wie beispielsweise Visualmaker oder Makerpad.

Die No-Code-Bewegung erlaubt damit, neue Experimente und neue Unternehmen in
einem noch deutlich schnelleren Tempo zu entwickeln und zu testen. Dies wird insbesondere die frühen Phasen der Unternehmensgründung verändern, denn es gibt nun kaum einen Grund, warum eine MVP-Version des Produkts (MVP = Minimum Viable Product)
nicht bereits in einem frühen Stadium des Unternehmens vorhanden sein soll.

5.4   Schnelles Experimentieren in der Praxis

Mit welcher Schnelligkeit heute ein Prototyp gebaut werden kann, zeigte Anssi Rantanen
während seiner Keynote beim Nordic Business Forum's 2019 Speaker Contest. Vor den
Augen von Hunderten von Zuschauern bewies er, dass es möglich ist, innerhalb von nur
fünf Minuten einen funktionierenden Prototyp eines Unternehmens zu erstellen (Rantanen
2019). Dies gelang ihm vor allem durch die Nutzung bereits existierender Tools. Im Folgenden soll diese Vorgehensweise genauer beschrieben werden.

Um eine Brand mit verschiedenen visuellen Elementen zu erstellen, nutzt Rantanen das
Tool Looka. Zuerst wählt der Nutzer in der Benutzeroberfläche des Tools einige visuelle
Elemente nach subjektivem Empfinden aus. Aus diesen Angaben erstellt das Tool eine ei-
gene Brand mitsamt entsprechenden Brand-Farben und -Icons. Die Elemente können dann

für verschiedene Elemente der Website verwendet werden. Die Erstellung dieser Brand dauert lediglich eine Minute.

Im Anschluss wird mithilfe der visuellen Elemente eine eigene Website erstellt. Hierfür wird das Tool Launchaco genutzt, das ähnlich wie Looka funktioniert. Auf Basis einiger Präferenzen des Nutzers ist das Tool in der Lage, eine eigene Website zu erstellen mit allen klassischen Elementen wie einer Pricing Section, Features und einem Testimonial. Die Erstellung dieser Website dauert lediglich drei Minuten.

In einem letzten Schritt nutzt Rantanen das Tool collect.chat, um einen Chatbot auf der Website zu erstellen. Collect.chat erlaubt es, einen besonders für Start-ups relevanten Chatbot auf der Website anzuzeigen, indem ein JavaScript Snippet der Seite hinzugefügt wird. Die Erstellung des Chatbots dauert lediglich eine Minute.

In nur fünf Minuten ist es also möglich, eine Brand, eine Website und einen Chatbot auf dieser Website zu erstellen. Natürlich kann noch sehr viel mehr Zeit in die Darstellung investiert werden, um die Elemente auch besser zu gestalten oder eine eigene Domain hinzuzufügen. Es soll aber hier verdeutlicht werden, dass bereits an dieser Stelle ein funktionierender Prototyp einer Website bzw. eines Unternehmens existiert. Ein erstes Wertversprechen des Unternehmens ist nun öffentlich und kann gezeigt werden. Die URL der Website kann auf den eigenen Social-Media-Kanälen gepostet werden, in Online-Communities wie Reddit oder ProductHunt oder sogar dafür Werbung auf Facebook oder Google geschaltet werden. Der Chatbot ermöglicht, mit dem Besucher der Website zu interagieren und erstes Feedback zu erhalten. Klassische Dinge, die in einem User Interview abgefragt werden, wie die Erwartungshaltung zum Produkt oder was ihn besonders auf der Website angesprochen hat, sind nun in einer frühen Phase des Unternehmens bereits ersichtlich. Eine interessante Übung ist zum Beispiel, zwei Ideen oder zwei verschiedene Versionen der Ideen miteinander zu vergleichen und man kann sogar ein erstes Experiment daraus erstellen.

Stellt das Unternehmen dann fest, dass eines dieser Experimente nicht funktioniert oder ein Wertversprechen nicht den erwarteten Erfolg bei Nutzern hat, so ist es nicht besonders schmerzhaft, diese Website wieder zu deaktivieren und eine andere Version zu erstellen – denn auch das dauert insgesamt nur fünf Minuten.

Literatur

Datanyze (2021) https://www.datanyze.com/market-share/testing-and-optimization%2D%2D56/ optimizely-market-share. Zugegriffen am 22.10.2021

Fabijan A, Olsson H, Dmitriev P, Bosch J (2017) The evolution of continuous experimentation in software product development. Proceedings of the 39th international conference on software engineering ICSE'17, 2017. Buenos Aires, Argentina

Kohavi R, Tang D, Xu Y (2020) Trustworthy online controlled experiments: a practical guide to A/B testing. Cambridge University Press, Cambridge

Koning R, Hasan S, Chatterji A (2020) Digital experimentation and startup performance: evidence from A/B testing. Working paper

Mullin S (2020) https://cxl.com/blog/google-optimize/. Zugegriffen am 22.10.2021

Rantanen A (2019) https://www.youtube.com/watch?v=_VfzeQEclJ0&t. Zugegriffen am 22.10.2021

Shah H (2021) https://hitenism.com/optimizely-google-website-optimizer/. Zugegriffen am 22.10.2021

Die Struktur der Experiment Organisation

6

6.1 Die Struktur des Teams

Wenn ein Unternehmen mehr Experimente produzieren will, dann stellt sich häufig die Frage, wie dies im Rahmen eines Teams umgesetzt werden kann. Ein Team zu schaffen mit dem Auftrag, mehr Experimente oder ausschließlich Experimente zu erstellen, ist eine schwierige Aufgabe und hängt oft von den bereits existierenden Positionen, Teams und Strukturen innerhalb eines Unternehmens ab. Es gibt zahlreiche Faktoren, die entscheidend für den Erfolg von derartigen Teams sind. Diese Faktoren werden nachfolgend erläutert.

Der Prozess rund um das Experimentieren besteht aus verschiedenen Phasen, in denen die einzelnen Beteiligten unterschiedlich stark involviert sind. Während ein verantwortlicher Manager häufig die Gesamtverantwortung für das Projekt trägt, gibt es auch einzelne Teammitglieder mit einer bestimmten Expertise, wie beispielsweise Design, die nur in einzelnen Phasen beim Experimentieren unterstützen. Für diese Phase tragen sie dann allerdings auch die Verantwortung. Zudem ist es möglich, dass ein Mitarbeiter nur beratend zur Verfügung steht und beispielsweise nur eine Methodik sicherstellt oder einen Kommentar dazu abgibt. Zuletzt gibt es eine große Anzahl von Teams, die nur über den Prozess der Experimente auf dem Laufenden gehalten werden müssen, aber nicht aktiv daran mitwirken.

Eine der wichtigsten Aufgaben ist, das erworbene Wissen rund um den Prozess zu dokumentieren und für alle Teammitglieder aufzubereiten. Nur so kann sichergestellt werden, dass sich der Prozess rund um die Experimente nicht nur stetig verbessert, sondern dass auch alle anderen Teams von den Erfahrungen vergangener Experimente profitieren. Dies kann auf unterschiedliche Weise von den Teams umgesetzt werden. Bei allen Details zu den Teams rund um das Experimentieren von großen Firmen spielt die interne

© Der/die Autor(en), exklusiv lizenziert an Springer-Verlag GmbH, DE, ein Teil von Springer Nature 2022
N. Stotz, *Experimentelle Produktentwicklung*,
https://doi.org/10.1007/978-3-662-65467-5_6

Weiterbildung eine große Rolle. Im Folgenden werden einige Beispiele von großen Firmen skizziert (Gupta et al. 2019). Bei Yandex, der größten russischsprachigen Suchmaschine, gibt es ein zentrales Experiment Team und daneben einzelne Product Teams, die für verschiedene Key Performance Indicators (KPIs) zuständig sind. Um die korrekte Ausführung von Experimenten sicherzustellen, wurden *Experts on Experiments* eingeführt. Ein gestartetes Experiment muss von mindestens einem dieser Experten freigegeben werden. Die Experten werden vom zentralen Experiment Team ausgewählt und ernannt. Es wurde dabei festgestellt, dass die Experten eine hohe Motivation haben, weil ihre Experimente viel einfacher eine Freigabe erhalten können, wenn sie von Experten ausgewählt werden.

Amazon hat bereits 2013 ein ähnliches Team eingeführt. Dort besteht das Team aus erfahrenen Mitarbeitern, die bereits viele Experimente durchgeführt haben und in der Lage sind, ihre Erkenntnisse sehr gut zu vermitteln. Zwar wird die Freigabe durch einen Experten bei Amazon nicht zwingend benötigt, dies liegt aber zumeist darin begründet, dass dadurch der Prozess aufgrund der wenigen Experten zu sehr verlangsamen würde. Die Experten haben ein grundsätzlich sehr hohes Ansehen bei Amazon und verbringen meist ungefähr zwei bis vier Stunden pro Woche mit Teams, um sie bei ihren Experimenten zu unterstützen. Innerhalb des Expertenteams gibt es auch ein Mentorenprogramm, sodass auch auf diese Weise erfahrene Teammitglieder ihre Erkenntnisse weitergeben können. Die Experimentierplattform von Amazon heißt Weblab und die Experiment Experts werden intern Weblab Bar Raisers genannt.

Bei Twitter gibt es ca. 50 Experiment Shepherds, die im Jahre 2016 eingeführt wurden. Diese haben sehr viel Erfahrung mit Experimenten und meist einen technischen Hintergrund. Wenn ein Experiment durchgeführt wird, dann wird dieses auch immer von einem Shepherd freigegeben. Die Shepherds haben jeweils eine Woche Bereitschaftsdienst und müssen für alle Fragen rund um Experimente und Zuständigkeiten im Produktbereich zur Verfügung stehen. Des Weiteren gibt es ein strukturiertes internes Trainingsprogramm, das insgesamt eine Stunde pro Woche über zwei Monate hinweg läuft.

Das System von Google basiert auf einer Checklist, die von Experten immer aktuell gehalten wird. Sie enthält Fragen an den Experimentierenden, wie „Was ist die Hypothese?" oder „Wie wird der Erfolg des Experiments gemessen?". Zwar brauchen Teams zunächst intensive Betreuung der Experten auch beim Ausfüllen der Checklist. Im Laufe der Zeit entwickelt sich das Team jedoch immer weiter und zuletzt muss die Checkliste selbst gar nicht mehr angewendet werden.

Um den Erfolg des Prozesses und der beteiligten Teams zu messen, ist es wichtig, Metriken einzuführen, die einen Einblick in die Weiterentwicklung des Prozesses selbst geben. Hierbei genügt es beispielsweise, die Anzahl der Experimente pro Woche zu messen, um festzustellen, wie viele neue Erkenntnisse potenziell gewonnen werden können und wie viele Hypothesen gerade getestet werden. Eine weitere Metrik könnte der prozentuale Anteil an eindeutigen Experimenten sein, das heißt Experimente, die ein statistisch signifikantes Resultat erzeugt haben, um die zunehmende Genauigkeit bei der Festlegung der

Hypothesen und der generellen Methodik zu verstehen. Mithilfe dieser Arten von Metriken kann dann eine Entwicklung des Prozesses gemessen und gemanagt werden.

Die Wichtigkeit der kulturellen Akzeptanz des Experimentierens wurde bereits ausführlich beschrieben. Die Präsentation und Transparenz rund um das Experimentieren sind demnach wichtige Aspekte bei der Teambildung. Dabei gibt es entscheidende Details, um im gesamten Unternehmen Transparenz rum um das Experimentieren herzustellen. Eine Möglichkeit ist beispielsweise, eine regelmäßige E-Mail oder Slack-Benachrichtigung an alle Mitarbeiter zu versenden, um neue Experimente oder bereits gewonnene Erkenntnisse darzustellen. Zusätzlich sollten die Experimente sowie die gewonnenen Erkenntnisse ausführlich dokumentiert werden, sodass alle Mitarbeiter diese nachschlagen können. Idealerweise haben die Teammitglieder vor dem Start eines neuen Experiments auch immer die Möglichkeit, das Experiment zu überprüfen und ihr Feedback zu geben.

Grundsätzlich kommt es bei der Zusammenstellung des Teams und dessen Struktur auf die entsprechende Organisation bzw. die Zielsetzung des Unternehmens an. Bestimmte Positionen sind aber immer wieder vorzufinden und werden im Folgenden beschrieben (Chen 2018). Enorme Wichtigkeit hat der Sponsor aus dem Management, der die Gesamtverantwortung für den Prozess trägt, kulturelle Blocker aus dem Weg schafft, die Richtung für den Prozess vorgibt und KPIs für das Programm festlegt. Je nach Größe und Struktur des Unternehmens ist dies entweder der VP Growth, der CPO oder sogar der CEO selbst. Hinzu kommt ein Produktmanager, der die Initiativen für die Experimente festlegt und sowohl Roadmap als auch Backlog der Experimente betreut. Ein Softwareentwickler wird ebenfalls benötigt. Er fokussiert sich auf die technische Implementierung der Experimente und stellt sicher, dass die Experimente immer getestet werden. Außerdem sollte es einen Datenanalysten geben, der sowohl dafür sorgt, dass das Experiment messbar ist und alle statistischen Anforderungen erfüllt, als auch für die Ergebnisanalyse, die den verschiedenen Endnutzer zu präsentieren sind. In der Regel werden darüber hinaus Designer und Copywriter für ein vollständiges Team notwendig sein, um die schnellen neuen Variationen für ein Experiment zur Verfügung zu stellen.

In einem nächsten Schritt sollen die verschiedenen Teamstrukturen beschrieben werden. Insgesamt gibt es vier grundsätzliche Arten, wie man die Teams für das Experimentieren aufstellen kann. Häufig werden die Teams, die primär mit Experimenten arbeiten, Growth Teams genannt. Es wird zwischen dem unabhängigen Modell, dem funktionalen Modell, dem cross-funktionalen Modell und dem gemischten Modell der Teamorganisation unterschieden (Shiu 2016).

Beim unabhängigen Modell existiert üblicherweise ein VP Growth, der als Executive Sponsor dient, die Gesamtverantwortung für die Experimente trägt und direkt an den CEO berichtet. Seiner Verantwortung unterstehen dann ein oder mehrere Growth Teams, die alle Fähigkeiten zur vollständigen Durchführung eines Experiments innerhalb des Teams haben, um unabhängig von anderen Teams zu arbeiten. Dabei sind meist ein Produktmanager, ein Entwickler, ein Designer und ein Data Scientist der Kern eines Teams (siehe Abb. 6.1). Je nach Schwerpunkt der Arbeit kann aber auch ein Marketingmanager zusätzlich Teil des Teams sein. Ein Modell dieser Art wird beispielsweise bei Facebook und

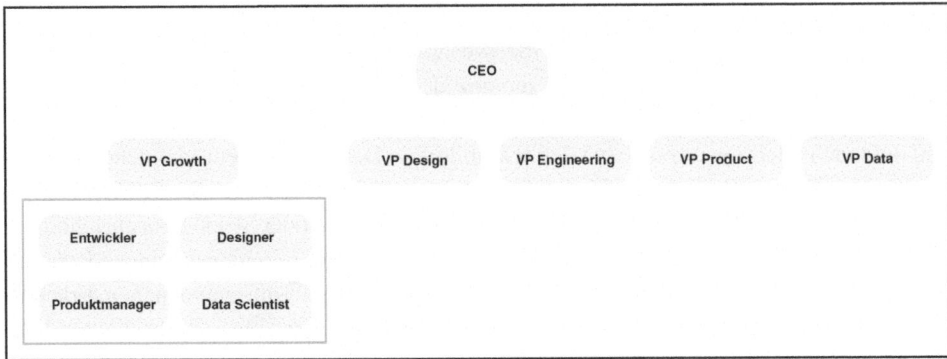

Abb. 6.1 Das unabhängige Modell

Uber genutzt. Der Vorteil dieses Modells ist sicher, dass die Geschwindigkeit des Experimentierens durch den VP Growth sehr genau kontrolliert werden kann. Es ist bei unabhängigen Teams einfacher, den Takt vorzugeben, gegebenenfalls Bottlenecks zu identifizieren. Gegen dieses Modell spricht das möglicherweise aufkommende Denken in Silos. Wenn ein Team unabhängig an einem Teil des Produkts arbeitet, ist es wichtig, auch alle anderen Teams darüber zu informieren, weil es sicher häufig zu Auswirkungen auf diese Teams kommen wird. Dies ist dann die Aufgabe des VP Growth.

Oftmals wird bei diesem strukturellen Ansatz auch diskutiert, auf welcher Basis die unabhängigen Teams arbeiten. Sollten sie eher nach bestimmten Produktbereichen (z. B. Sign-ps, Cross-Selling etc.) organisiert werden oder nach klaren Metriken, die im Vorfeld definiert werden (z. B. Acquisition CAC etc.). Auch hier gilt natürlich, dass es sehr auf das einzelne Unternehmen ankommt, doch sollte auch bedacht werden, dass in dieser Phase das Growth bzw. Experimentier Team schon eine große Anzahl von Mitarbeitern umfasst. Wenn bereits so viele Mitarbeiter in diesem Stil arbeiten und man sich die Frage nach dieser Art von Organisationsform stellen muss, dann dürfte es auch recht wahrscheinlich sein, dass das Unternehmen seine Kernbereiche mitsamt entsprechenden Metriken bereits gefunden hat und die beiden Organisationsweisen sich nicht so sehr unterscheiden.

Zwar gibt es beim funktionalen Modell ebenfalls ähnlich aufgestellte Teams wie beim unabhängigen Modell, doch berichten die einzelnen Teams nicht an den VP Growth, sondern an den VP Product (siehe Abb. 6.2). Einzelne Teammitglieder erhalten so mehr Verantwortung, weil ihnen eine größere Reporting-Funktion zukommt und sie sozusagen zu funktionalen Teamleitern werden, die beispielsweise für Sign-ups oder Onboardings verantwortlich sind. Ein solches Modell wird beispielsweise bei LinkedIn, Pinterest oder Twitter angewendet. Der Vorteil ist hier, dass der VP Product einen besseren Überblick bekommt, weil alles unter ihm gebündelt ist und die Gefahr von Silos weniger hoch ist. Doch besteht hier die Gefahr, dass das Experimentieren durch den VP Product nicht so stark gefördert und betreut werden kann wie bei einer unabhängigen Struktur.

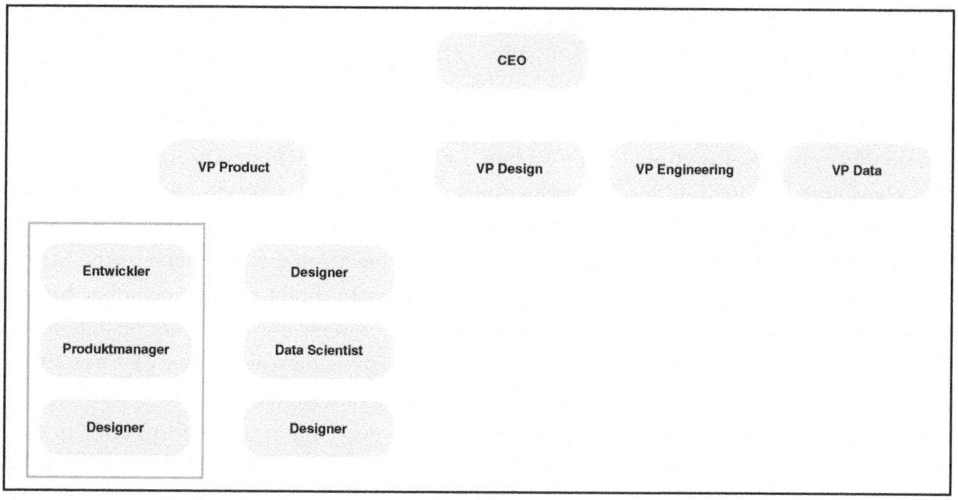

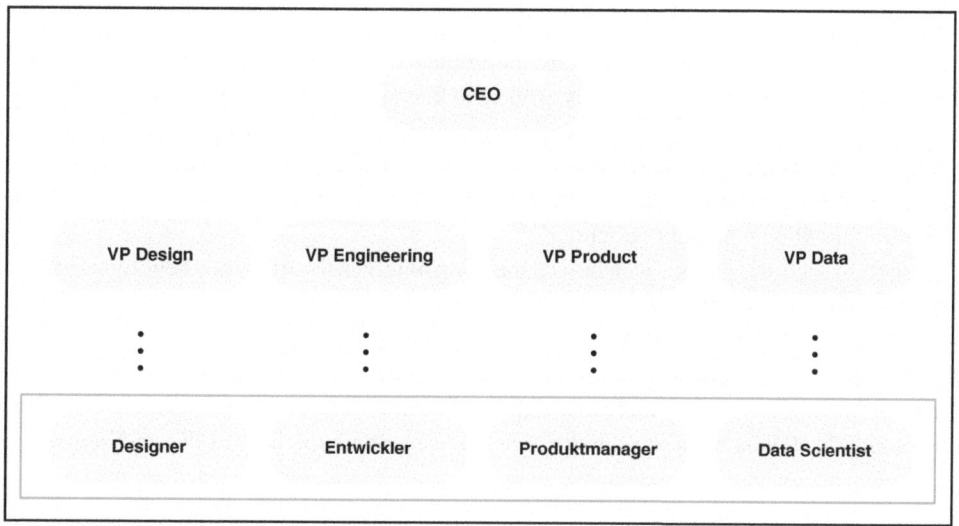

Abb. 6.2 Das funktionale Modell

Abb. 6.3 Das cross-funktionale Modell

Eine beliebte Form ist, das Team cross-funktional zu organisieren (siehe Abb. 6.3). Dabei berichten alle Positionen innerhalb des Growth/Experiment Teams weiterhin an ihren VP, also z. B. den VP Data oder den VP Design, sie arbeiten aber als unabhängiges Team zusammen, das das Experimentieren als Hauptaufgabe hat. Teams, die so organisiert sind, werden dann oft als „Pod" bezeichnet. Eine solche Struktur wird häufig angewendet, weil sie die geringste Anpassung an bestehende Strukturen erfordert. Problematisch ist dabei jedoch ebenfalls, dass es keinen Sponsor gibt, der direkt für das Experimentieren verantwortlich ist. Vielmehr ist es immer nur ein Teilbereich der entsprechenden Teams und es sind zusätzliche Abstimmungen zwischen den Sponsoren nötig, um in die gleiche Richtung zu arbeiten.

Eine weitere Variante ist, die beiden grundsätzlichen Ansatzweisen der Organisation, also unabhängig und funktional, zu mischen und einen gemischten Ansatz zu verfolgen. Dabei berichtet nur ein Teil des Teams an einen dezidierten VP Growth und die restlichen Mitglieder des Teams werden von den bestehenden Teams (z. B. VP Design, VP Marketing) rekrutiert (siehe Abb. 6.4). Dies ist ein interessanter Ansatz, weil einerseits die Strukturen nicht so stark verändert werden und andererseits ein direkt verantwortlicher Manager für die Experimente zuständig ist. Die Herausforderungen für das Team bestehen vor allem darin, die geteilten Ressourcen sorgfältig aufzuteilen und sowohl den VP Growth als auch die anderen VPs in die Ressourcenplanung miteinzubeziehen.

Wie bereits angedeutet, stellt sich die Frage nach der Organisationsform eher in etablierten Unternehmen. In Start-ups sind die organisationalen Fragen noch nicht vorrangig, weil es noch zu wenig Mitarbeiter gibt, die womöglich sogar noch keinen klaren Teams zugewiesen sind. Trotzdem lassen sich hier bereits zwei Phasen unterscheiden. In einer Phase, in der das Unternehmen noch aus weniger als zehn Personen besteht, genügt es, wenn ein einzelner Mitarbeiter oder der CEO selbst das Experimentieren als Teil seiner Arbeit ansieht, auch wenn die Nutzerbasis an dieser Stelle wohl eher gering sein dürfte (Balfour 2017). Wird das Team etwas größer, so kann idealerweise schon damit begonnen werden, ein Team zu formen, das das Experimentieren als Hauptaufgabe ansieht. Dabei genügt zunächst auch nur ein Produktmanager mitsamt einem Data Analyst, die dann nach und nach durch zusätzliche Designer und Entwickler ergänzt wird. Diese sollten zunächst weiterhin direkt an den CEO berichten.

Oft stellt sich die Frage, welche organisationsinternen Instrumente benötigt werden, um solche Teams zu managen und zu organisieren. Generell sollte es möglich sein, Experimente regelmäßig zu überprüfen, die Experimente zu diskutieren und zentral auszuführen. Für die Überprüfung kann durchaus die Form eines Meetings gewählt werden, in dem die Experimente jeweils in einer standardisierten Form vorgestellt und diskutiert werden. Hier sollte der Fokus nicht auf inhaltlichen Themen, sondern eher auf den methodischen

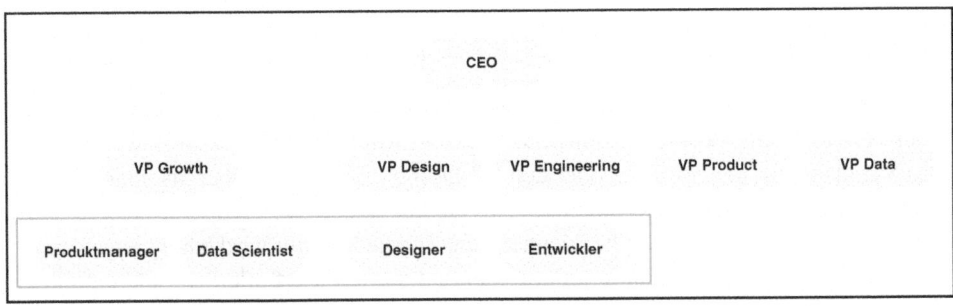

Abb. 6.4 Das gemischte Modell

Ansätzen liegen. Es kann sowohl über geplante als auch über abgeschlossene Experimente gesprochen werden. Zwar gilt es, eine Häufung von Meetings generell zu vermeiden, für diese Art der Diskussion kann ein Meeting aber förderlich sein.

Die generelle Diskussion über alle Aspekte der Experimente sollte zentral organisiert werden und im gängigen Kommunikationstool der Organisation stattfinden, zum Beispiel mittels Slack oder Teams. Dort sollten bestimmte Abschnitte des Experiments definiert werden, die automatisiert eine Benachrichtigung auslösen. Beispielsweise kann bei jedem Start eines Experiments oder am Ende eines Experiments immer eine Nachricht erfolgen. Dies ermöglicht es, sowohl alle interessierten Teams auf dem Laufenden zu halten als auch immer über die anstehenden Projekte zu sprechen.

Zuletzt sollte auch die Implementierung des Experiments an einem zentralen Ort stattfinden. Wie bereits erwähnt, hat das Unternehmen hier die Möglichkeit, zunächst mithilfe von verschiedenen Tools einen bestimmten Prozess für das Experimentieren zu etablieren, und kann anschließend darüber entscheiden, ob eine Plattform von einem Drittanbieter wie Optimizely oder eine selbst entwickelte Plattform genutzt wird.

An dieser Stelle sollen auch noch ein paar generelle Hinweise und Ratschläge für die Einführung eines neuen Teams rund um das Experimentieren gegeben werden. Es ist wichtig, sich nicht durch die bestehenden Strukturen in einem Unternehmen einschüchtern zu lassen. Natürlich sehen sich bestehende Teams, insbesondere das Produktteam, regelmäßig durch neue Teams bedroht, die eine ähnliche, teilweise nicht abgegrenzte Funktion übernehmen wie sie. Die Einführung neuer Strukturen erfordert Zeit und auch sehr viel Transparenz, um alle mit einzubeziehen.

Weiterhin gilt es, die einmal festgelegten Teamstrukturen nicht als Entscheidung zu sehen, die nicht revidiert werden kann. Sobald man sich für eine bestimmte Art und Weise der Organisation entschieden hat, sollte sie ausprobieren, aber es ist auch gut möglich, dass diese Art der Organisation nicht funktioniert und man sie ändern muss. Diese Anpassungsbereitschaft unterstützt gerade bei der Erschaffung eines neuen Teams. Häufig ist es auch entscheidend, den richtigen zentralen Ansprechpartner zu finden, der sich für ein neues Team einsetzt. Dies sollte sehr bedacht geschehen, um wirklich die richtige Person zu finden, die von der Idee, der Denkweise und der Funktion überzeugt ist. Diese Personen sollten kritisch hinterfragt werden und von allen anderen Teammitgliedern akzeptiert werden. Auch wenn es nicht direkt funktioniert, ein Team zu installieren: Es ist wichtig, die Kultur der Experimentation zu betonen und anderen Teams diese näherzubringen. Manchmal ist noch nicht der richtige Zeitpunkt für ein neues Team gekommen, aber eventuell kommt man Schritt für Schritt an diesen Punkt.

6.2   Der Recruiting-Prozess

Recruiting ist in allen Phasen eines Unternehmens relevantes Thema. Die richtigen Mitarbeiter für die richtigen Funktionen und Aufgaben zu finden kann mitunter eine der schwierigsten Aufgaben überhaupt sein. Um hier die richtigen Entscheidungen zu treffen und sich nicht durch ein Mindset blockieren zu lassen, das nicht auf Experimente vorbereitet ist, sollten einige Hinweise befolgt werden.

Ein beliebtes Konzept für den Recruiting-Prozess ist, bei jedem Kandidaten darauf zu achten, dass er zumindest besser als einer der momentanen Mitarbeiter des Unternehmens ist (Norvig 2006). Das klingt zwar hart, zwingt aber beim Recruiting wirklich dazu, nur die besten Kandidaten auszuwählen. Entscheidend bei diesem Grundsatz ist, dass die am Recruiting beteiligten Manager darüber nachdenken müssen, wie der neue Mitarbeiter in die bestehende Struktur passt. Tendenziell ist diese Überlegung natürlich eher zusätzliches Hindernis auf dem Weg zur Einstellung, doch sie bewirkt, dass selbst in frühen Unternehmensphasen eher darauf verzichtet wird, neue Mitarbeiter als unpassende Mitarbeiter einzustellen. Darüber hinaus eignet sich insbesondere in der frühen Phase das Konzept, keinen Hiring Manager zu haben. Hiring Manager wäre üblicherweise derjenige, der auch die Verantwortung über die Abteilung hat, in der der neue Mitarbeiter eingestellt wird. Die Idee hinter dem Konzept, ohne Hiring Manager zu agieren, ist, dass der Hiring Manager immer einen Anreiz hat, einen Kandidaten einzustellen, weil er dann von seiner Arbeit entlastet wird. Das führt dazu, dass der Hiring Manager eher dazu neigt, neue Mitarbeiter einzustellen, als auf diese zu verzichten. Das sollte jedoch nicht Anspruch des Unternehmens sein, denn es sollte darum gehen, die besten Kandidaten einzustellen und nicht den besten aus einem bestimmten Pool von Bewerbern.

Eine ähnliche Aussage dazu von Steve Jobs war, dass nur wahre Top-Mitarbeiter auch Top-Kandidaten einstellen, weil sie sich nicht mit weniger zufriedengeben und auch nur mit den besten Kandidaten zusammenarbeiten möchten (Frome 2021). Weniger gute Mitarbeiter stellen laut Jobs keine Top-Kandidaten ein, sondern achten sogar darauf, dass die Mitarbeiter unter ihren eigenen Qualitäten liegen. Zwar ist diese Aussage sehr scharf formuliert und lässt sich so wohl auch nicht klar belegen, doch trifft sie im Kern das bereits oben Beschriebene. Das Unternehmen sollte penibel darauf achten, dass ein neuer Mitarbeiter das Unternehmen auch weiterbringt und nicht nur einen Posten übernimmt.

Ein ähnliches Konzept, das hier auch noch erwähnt werden sollte, fußt auf dem Mythos des sogenannten 10×-Entwicklers (Foster 2019). Gerade in US-Start-ups wird häufig behauptet, dass es eine bestimmte Art von Softwareentwicklern gibt, die zehnmal produktiver sind als alle Entwickler eines Unternehmens und auch zehnmal mehr Fähigkeiten besitzen als diese. An dieser Stelle soll es nicht darum gehen, ob man diese Art von Softwareentwickler überhaupt erkennen kann und ob es dafür Messmöglichkeiten gibt. Vielmehr anhand dieses Konzeptes und aus der von Steve Jobs getätigten Aussage abgeleitet werden, wie das Recruiting in vielen Unternehmen betrachtet wird. Es wird angenommen, dass bestimmte Mitarbeiter einem Unternehmen einen enormen Vorteil bringen können, weil sie deutlich besser als alle anderen Mitarbeiter sind. Dies im Recruiting zu beachten ist natürlich nicht immer einfach, dem Recruiting sollte aber ein sehr hoher Wert beigemessen werden.

Wie bereits kurz erwähnt schaffen es Firmen, die eine Kultur der Experimente etabliert haben, auch immer neue Mitarbeiter mit einem entsprechenden Mindset, das offen für Experimente ist, einzustellen. Eine gute Methode, dies festzustellen, ist, dem Kandidaten einen Datensatz vorzulegen und ihn zu bitten, diesen Datensatz vorzustellen. Eine solche Übung spiegelt sehr gut die Praxis wider. Auch beim Experimentieren geht es viel darum, einen Kontext zum ausgeführten Experiment herzustellen und diesen klar zu skizzieren und ihn allen verständlich zu machen.

Zusätzlich empfiehlt es sich, Kandidaten auf ein Growth Mindset zu testen, etwa, indem man einige Fragen stellt, die mit generellen Meinungen und Anschauungen zusammenhängen (Dweck 2017). Man könnte beispielsweise die Kandidaten danach fragen, ob sie glauben, dass ein guter Produktmanager eine bestimmte Gabe haben muss oder alle Fähigkeiten erlernen kann und muss. Wird Letzteres bejaht, lässt dies eher auf ein Growth Mindset schließen. Idealerweise überprüft man während des Gesprächs mit einem Kandidaten auch, ob sich ähnliche Aussagen bei anderen Themen zeigen.

Neben diesen grundlegenden Anschauungen gibt es aber auch Dinge, die den Kandidaten besonders auszeichnen. Er könnte beispielsweise bereits selbst etwas aufgebaut haben, etwa eine Website oder sogar ein kleines Produkt. Der ehemalige Head of Growth von Typeform Jake Stainer sagt, dass seine selbst außerhalb der Arbeitszeit gebauten Produkte ihm am meisten in seiner Karriere weitergeholfen haben (Stainer und Samuli 2020). Ein Hiring Manager, der ein fertiges Produkt ansehen kann, ist sich dessen bewusst, dass das bedeutet, dass der Kandidat selbst schon einmal eine Domain gekauft hat, ein DNS konfiguriert hat, Hosting gekauft hat, einen Tag Manager aufgesetzt hat, SEO ausprobiert hat, Paid Ads ausprobiert hat etc. All diese Dinge von Grund auf zu lernen, ohne damit erst bei der neuen Arbeitsstelle konfrontiert zu sein, ist der beste Weg, um zu wachsen und dies auch nach außen zu zeigen.

Aus eigener Erfahrung ist es ebenso von Vorteil, wenn der Kandidat eine Art Portfolio von bereits durchgeführten Experimenten erstellt hat. Hierbei handelt es sich um eine grundsätzliche Empfehlung für alle Produktmanager und Marketingmanager. Zwar wird üblicherweise nur von Entwicklern und Designern erwartet, dass sie eine Art Portfolio einreichen, doch gerade bei eher generalistischen Rollen wird dies immer wichtiger und beliebter. Die Experimente könnten beispielsweise einfach auf einer Notion-Seite gelistet sein oder es könnte eine eigene Website dafür gestaltet werden. Weil gerade die Rolle des Produktmanagers mitunter recht unterschiedlich in den einzelnen Unternehmen aufgefasst wird, ist es gerade hier relevant zu zeigen, an welchen Themen der Kandidat genau gearbeitet hat. Erfahrungsgemäß werden die bisher durchgeführten Projekte mindestens einmal im Rahmen eines Kandidaten-Interviews angesprochen.

Neben diesen eher generellen Kriterien werden im Folgenden noch spezielle Kriterien für die zuvor beschriebenen Positionen eingeführt. Normalerweise ist das erste Mitglied eines Growth Teams, das sich auf das Experimentieren fokussiert, der Produkt- oder Programm Manager. Dementsprechend ist dieses Teammitglied entscheidend, um das Experimentieren auch bei anderen Mitarbeitern in die Organisation einzuführen, insbesondere weil diese Mitarbeiter oft zunächst allein arbeiten müssen und sich erst nach und nach ein Team aufbauen. Weil für diese Aufgabe sehr viele Kenntnisse rund um die bestehende Organisation notwendig sind, sollte immer zunächst darüber nachgedacht werden, jemanden intern in diese Rolle zu befördern. Davon abgesehen sollte die Person empathisch sein und verstehen, wie sie Erfolge und Misserfolge innerhalb der Organisation positionieren muss. Außerdem sollte es sich um einen Generalisten handeln, der idealerweise sowohl in Marketing als auch Produkt gearbeitet hat und vielleicht in einem der beiden seine Stärke hat. Er muss sich außerdem an einen bestehenden Prozess halten können, weil davon auch die Einhaltung der Prozesse im Unternehmen abhängt. Außerdem sollte er datenorientiert sein und sich bei allen Argumenten und Hypothesen immer auf Daten berufen.

Ähnlich sollte ein Softwareentwickler sehr generalistisch orientiert sein und sowohl Frontend- als auch Backend-Elemente beherrschen. Wichtig ist, dass er Veränderungen schnell umsetzt, obwohl dies möglicherweise infrastrukturell Probleme bereitet und nicht skalierbar ist. Dies kann auch bedeuten, Tools von Drittanbietern zu nutzen, falls damit eine schnellere Produktentwicklung ermöglicht wird. Der Entwickler sollte selbstständig in der Lage sein, für alle Schritte ein Tracking einzufügen, damit dies für alle nachvollziehbar und analysierbar ist. Dementsprechend muss auch er datenorientiert arbeiten. Idealerweise kommuniziert er seine Tätigkeiten und Herausforderungen auch immer proaktiv.

Den Designer zeichnet ein tiefes Verständnis der Nutzererfahrung aus. Insbesondere sollte er Grundkenntnisse bezüglich der psychologischen Wünsche und Emotionen der Nutzer haben. Auch bei ihm ist entscheidend, dass er einzelne Aufgaben sehr schnell umsetzen kann. Dabei sind die wichtigsten Kriterien auch hier wieder Daten, insbesondere Daten, die bereits erhoben wurden und eventuell sogar gegen das subjektive Empfinden des Designers sprechen. Der Designer sollte idealerweise bereits direkt mit Entwicklern zusammengearbeitet haben und über die Bereitschaft verfügen, fertig entwickelte Elemente selbst zu testen.

Der Analyst des Teams sollte ein eigenes Interesse daran haben, neue Hypothesen auf Basis von Daten, die er analysiert hat, selbst zu kommunizieren und zu diskutieren, unabhängig davon, ob es sich um einen kleinen oder großen Datensatz handelt. Wichtig ist, dass er dabei darauf achtet, dass alle Faktoren einfach dargestellt und für das Team greifbar gemacht werden, insbesondere auch für ein nicht-technisches Publikum. Weil der Analyst oft eng mit den Backend-Entwicklungen verbunden ist, sollte er darüber hinaus in der Lage sein, mit diesen zu arbeiten, und verstehen, wie seine Arbeit mit diesem Code zusammenhängt. Idealerweise hat der Analyst bereits mit Machine Learning, AI oder Ähnlichem gearbeitet und kann möglicherweise hier zusätzliche Vorschläge und Hypothesen formulieren.

6.3 Eingliederung in die Unternehmensziele

Die Experimente, die ein Team durchführt, sollten in jeder Phase eines Unternehmens mit den Unternehmenszielen übereinstimmen und auf diese ausgerichtet sein. Empfehlenswert ist es, ein Framework wie beispielsweise OKRs zu benutzen. Dies ist auch für Startups das am häufigsten angewandte Framework (Doerr 2018). Bei den OKRs werden Objectives, also klar definierte Ziele, festgeschrieben und einige Key Results werden ihnen untergeordnet, um zu messen, ob dieses Ziel erreicht wurde.

Objectives sind Ziele, die von dem Unternehmen oder dem Team erreicht werden sollen. Sie müssen eindeutig beschrieben sein, damit sie von jedem verstanden werden. Idealerweise sind sie direkt mit den übergeordneten OKRs oder der Unternehmensvision verbunden. Auch wenn häufig das SMART Framework für Ziele vorgeschrieben oder angewendet wird, ist es bei Objectives gerade nicht entscheidend, ob sie messbar sind, dies wird im nächsten Schritt von den Key Results gewährleistet.

Die Key Results sind dabei als eine Art Erfolgskriterium zu verstehen. Mehrere klar definierte Metriken stellen sicher, dass das Ziel gemessen werden kann, und zeigen an, wie nahe man dem Ziel ist. Die Key Results sollten mit den Objectives verbunden sein, und sollte in der Zwischenzeit festgestellt werden, dass dies nicht der Fall ist, dann sollten sie geändert werden.

Die nächste Stufe, die letztlich unter den einzelnen Key Results liegt, ist häufig nicht so klar definiert. Doch geht es genau an dieser Stelle darum, detaillierte Hypothesen zu beschreiben, die dabei helfen, ein Key Result zu erreichen, idealerweise handelt es sich dabei also um Experimente. Ein gutes Format dazu ist ein Aktionsplan oder Experiment Plan, den der Experiment Owner dann mit den wichtigsten Beteiligten besprechen und diskutieren sollte. Es zeigt sich an dieser Stelle, dass die Frage, was genau nach der Zielsetzung durch OKRs passiert und was die einzelnen Teams tun sollten, auch durch Experimente beantwortet werden kann. Die Art und Weise, wie diese von den Experiment Ownern dargestellt und präsentiert werden, ist von entscheidender Bedeutung.

Literatur

Balfour B (2017) Building a growth team from zero to fifty. https://brianbalfour.com/essays/building-a-growth-team-from-zero-to-fifty. Zugegriffen am 22.10.2021

Chen A (2018) How to build a growth team – lessons from Uber, Hubspot, and others. https://andrewchen.com/how-to-build-a-growth-team/. Zugegriffen am 22.10.2021

Doerr J (2018) OKR: objectives & key results: Wie Sie Ziele, auf die es wirklich ankommt, entwickeln, messen und umsetzen. Vahlen, München

Dweck C (2017) Mindset – updated edition: changing the way you think to fulfil your potential. Robinson, New York

Foster J (2019) The origins of the 10x developer. https://medium.com/ingeniouslysimple/the-origins-of-the-10x-developer-2e0177ecef60. Zugegriffen am 22.10.2021

Frome N (2021) Steve jobs was wrong: there's no such thing as an 'A' player. https://builtin.com/people-management/raw-talent-myth. Zugegriffen am 22.10.2021

Gupta S, Shi X, Dmitriev P, Fu X (2019) Challenges, best practices and pitfalls in evaluating results of online controlled experiments. Proceedings of the ACM SIGKDD international conference on knowledge discovery and data mining 2019. Anchorage, AK, USA

Norvig P (2006) Hiring: the lake Wobegon strategy. https://ai.googleblog.com/2006/03/hiring-lake-wobegon-strategy.html. Zugegriffen am 22.10.2021

Shiu A (2016) How to structure your growth team. https://amplitude.com/blog/structure-growth-team. Zugegriffen am 22.10.2021

Stainer J, Samuli S (2020) Growth marketing with Jake Stainer. https://www.youtube.com/watch?v=Bf98hqH6h6E. Zugegriffen am 22.10.2021

Teil III

Das Experiment Design

In dieser Sektion wird ausführlich der Ablauf eines Experiments behandelt. Zunächst wird dargestellt, welche Prozesse üblicherweise eingeführt werden, um einen kontinuierlichen Ablauf von Experimenten zu garantieren. Dabei werden insbesondere die kreativen Elemente dieses Prozesses hervorgehoben und Hinweise für die Weiterentwicklung gegeben. Die wesentlichen Elemente, die ein Experiment selbst benötigt, werden daran anschließend besprochen und Vorlagen zur Verfügung gestellt, die bei der Dokumentation unterstützen können. Abschließend wird darauf eingegangen, wie wichtig die Analyse und Präsentation der Ergebnisse von Experimenten sind. Auch hierzu werden Vorlagen zur Verfügung gestellt und Beispiele gegeben.

Vor dem Experiment

7

7.1 Der Prozess

Die Einführung eines neuen Prozesses ist vor allem bei jungen und schnell wachsenden Unternehmen erfahrungsgemäß schwierig, weil viele Teile des Unternehmens noch nicht voll etabliert sind. Regelmäßig werden dort ganze Teams ausgetauscht oder Verantwortlichkeiten vollständig neu verteilt. Es ist in so einer Phase recht schwierig, einen Prozess einzuführen, der dabei hilft, das Experimentieren zu vereinfachen und zu strukturieren. Dennoch wird ab einer bestimmten Team- und Unternehmensgröße immer wieder der Ruf nach einem Prozess, der auch niedergeschrieben werden sollte, laut.

Wenn in diesem Kapitel nun Prozesse beschrieben werden, die von anderen Unternehmen so gelebt werden oder die von Experten vorgeschlagen werden, dann sollte allerdings nicht angenommen werden, dass diese genauso auch für das eigene Unternehmen verwendet werden können. Vielmehr eignen sich diese Beispiele als eine Inspiration oder Vorlage, wie man den eigenen Prozess gestalten kann oder in einem ersten Entwurf vorschlagen und diskutieren kann. Viel wichtiger ist es jedoch, den Prozess immer wieder gemeinsam mit dem Team im Rahmen von Retrospektiven zu hinterfragen und dann regelmäßig anzupassen. Nur wenn die individuellen Besonderheiten des jeweiligen Unternehmens sich auch im Prozess rund um das Experimentieren wiederfinden, dann wird dieser Prozess auch regelmäßig eingehalten. Außerdem ist es wichtig, den Prozess zu Beginn eher nur mit einigen Kernelementen zu definieren und bestimmte Prozessabschnitte eher offen zu lassen und nachträglich zu verstehen, wie diese vom Team umgesetzt werden, denn die meisten Unternehmen beschreiben, dass ihr Prozess rund um das Experimentieren Stück für Stück gewachsen ist und zu Beginn sehr einfach gehalten war und nicht besonders viele Elemente enthielt (Beger und Gilbert 2017).

© Der/die Autor(en), exklusiv lizenziert an Springer-Verlag GmbH, DE, ein Teil von Springer Nature 2022
N. Stotz, *Experimentelle Produktentwicklung*,
https://doi.org/10.1007/978-3-662-65467-5_7

Hieraus ergibt sich natürlich die Frage, warum es überhaupt nötig ist, über einen Prozess nachzudenken und nicht einfach eine Kultur zu schaffen, in der das Experimentieren sowieso schon lebt, ohne sich zusätzlich über mögliche Prozesse Gedanken zu machen. Oft wird sogar befürchtet, dass durch einen Prozess die Kreativität, die für das Experimentieren und das Erfinden von neuen Ideen teilweise nötig sind, eher behindert wird. Dennoch überwiegen die folgenden Vorteile und verdeutlichen, weshalb es für jede Organisation sinnvoll ist, einen ähnlichen Prozess zu etablieren.

Ein Prozess rund um das Experimentieren ermöglicht es einerseits, ein vollständig skalierbares Geschäftsmodell zu erzeugen. Wird ein Prozess ständig auf seine Effektivität hin geprüft, um ihn zu verbessern, garantiert dies, dass aus den eigenen Fehlern und Handlungsweisen gelernt werden kann. Diese Erkenntnisse verbessern stetig den Prozess und lassen auch zu, diesen Prozess zu kopieren. Oft sieht man beispielsweise, dass ein bestimmtes funktionales Team, das sich beispielsweise mit der Website beschäftigt und versucht, mehr Nutzer zum Registrieren zu bringen, besonders viel und häufig mit Experimenten arbeitet und dadurch kontinuierlich auch Erfolge erzielt sowie ein methodisch sinnvolles Konzept erarbeitet hat. Wenn dieses Konzept und dieser Prozess nun gelebt werden und auch niedergeschrieben werden, so kann diese Art des Arbeitens einfach auf eine andere funktionale Einheit kopiert werden. Beispielsweise kann der Prozess auch für das Team übernommen werden, das sich mit der Mobile App beschäftigt, und es kann ein Austausch zwischen diesen Teams stattfinden, wie sie den Prozess jeweils noch weiter verbessern können. Auch wenn neue Teammitglieder angestellt werden, können dieser leichter in den Prozess eingeführt werden und können auch schneller mitarbeiten, weil sie nun statt eines abstrakt vorgelegten Prozesses nun ein Konzept haben, das ihnen hilft, sich im neuen Unternehmen zurechtzufinden.

Andererseits lassen sich durch einen vorhandenen Prozess auch bestimmte Resultate, die von dem Prozess zu erwarten sind, voraussagen. Dies ist vor allem für das programmatische Management dieses Prozesses wichtig und um sicherzustellen, dass die Geschwindigkeit des Prozesses zumindest gleich bleibt, vor allem, weil der Prozess auch einen gewissen Takt vorgibt. Bestimmte Abschnitte eines Prozesses sollten in einer bestimmten Zeit erreicht sein. Diese Arten der Messung helfen dem Management und dem Team selbst, den Überblick zu behalten, wie sich die Geschwindigkeit des Experimentierens im Laufe der Zeit entwickelt hat. Nimmt man beispielsweise eine Metrik wie die durchgeführten Experimente pro Woche, dann kann man die Anzahl des ersten Quartals mit der Anzahl des dritten Quartals vergleichen und besser verstehen, ob das Team eher mehrere Experimente durchführt oder weniger. Selbstverständlich sind für eine umfangreiche Messung des Programms viele weitere Metriken zu berücksichtigen, die vor allem die Zufriedenheit des Teams betreffen. Auch wenn mehrere Teams den gewählten Prozess anwenden, ermöglicht die Messung der Geschwindigkeit und weiterer Metriken es, dem Management auch verschiedene Teams und die Geschwindigkeit dieser verschiedenen Teams zu vergleichen und besser zu verstehen, welches Team potenziell schneller experimentiert. Insbesondere kann auf diese Weise gewährleistet werden, dass die Teams voneinander profitieren und Best Practices teilen.

Im Übrigen kann auch nur durch einen Prozess sichergestellt werden, dass sich das Experimentieren wiederholen lässt. Insbesondere das Experimentieren ist ein iterativer Prozess, der sich immer wiederholt. Dabei ist wichtig, dass an bestimmten Punkten auch Entscheidungen getroffen werden, die durch einen Prozess vorgegeben sind. Beispielsweise sollte es nur ganz bestimmte Entscheidungsmöglichkeiten nach der Durchführung eines Experiments geben. Konkret sollte es entweder als erfolgreich, nicht erfolgreich oder unbestimmt eingeordnet werden, und es muss auch immer entschieden werden, was als Nächstes passiert. Durch die Etablierung eines Prozesses wird so an verschiedenen Stellen geklärt, welche Möglichkeiten die Teams haben, wenn sie vor einer bestimmten Entscheidung stehen. Auch dies sorgt für zusätzliche Klarheit in den Teams.

Im Folgenden werden einige häufig angelegte Prozesse beschrieben, die vor allem im Rahmen von Experimenten innerhalb von Organisationen empfohlen werden. An dieser Stelle geht es nicht um abstrakte Modelle für die Geschäftsprozesse innerhalb eines Unternehmens. Zwar gibt es bekannte Modelle wie den DMAIC (Define – Measure – Analyse – Improve – Control), dabei handelt es sich um einen Prozessmanagement-Ansatz aus dem Managementsystem von Six Sigma, der in vielen Unternehmen für das Erstellen und Verbessern von Prozessen angewandt wird. Grundsätzlich kann dieser Ansatz auch helfen, einen Prozess zu erschaffen. Hier geht es allerdings mehr darum, spezifische Modelle zu besprechen, die nur für das Experimentieren Anwendung finden und keine allgemeinen Modelle zur Findung und Entwicklung von Geschäftsprozessen darzustellen. Insbesondere werden besprochen: die klassische wissenschaftliche Methode, der Prozess nach Brian Balfour, das GROWS-Modell nach Growth Tribe und ein Beispiel von Spotify aus der Praxis.

Der folgende Prozess, der bis ins 17. Jahrhundert zurückgeht, kann als klassische wissenschaftliche Methode bezeichnet werden. In einem ersten Schritt wird schlicht eine Beobachtung vorgenommen oder eine Frage aufgeworfen. Danach sollte das wissenschaftliche Feld, dem diese Frage oder die Natur der Frage oder Beobachtung angehört, näher betrachtet werden. Es wird hier also geklärt, ob es schon eine Erklärung gibt oder ob bereits eine Erklärung aus anderen Experimenten möglich ist. Danach folgt ein ganz entscheidender Teil, denn nun wird eine Hypothese aufgestellt. An diese Hypothese werden einige Anforderungen gestellt, insbesondere muss sie falsifizierbar sein. Wird also die aufgestellte Hypothese getestet, dann muss aus dem Resultat ein Ergebnis möglich sein, das diese Hypothese nicht bestätigt, ansonsten kann die Hypothese nicht getestet werden. Im Anschluss wird ein Test auf Basis der Hypothese durchgeführt und danach die Daten analysiert. Aus diesen Daten ergeben sich Schlussfolgerungen, die zusammengefasst werden und die möglicherweise eine neue Frage aufwerfen oder eine Beobachtung zeigen. Dies führt zu einem kontinuierlichen Prozess. Diese wissenschaftliche Methode ist der Grundpfeiler, der auch für das Experimentieren im Rahmen von (digitalen) Produkten genutzt und beachtet wird. Die beiden nachfolgend beschriebenen Prozesse bauen auf diesem traditionellen wissenschaftlichen Prozess auf.

Ähnliche Prozesse werden auch von Brian Balfour beschrieben, wobei er schon konkreter auf den Prozess rund um produktspezifische Experimente eingeht (Cartwright

2017). Bei Balfour steht zu Beginn nicht eine Beobachtung oder eine Frage, sondern vielmehr ein Brainstorming, das dabei hilft, Ideen zu erzeugen, die dann schließlich priorisiert
werden müssen. Es wird also noch ein zusätzliches Element dem wissenschaftlichen Prozess hinzugefügt, das dem Fakt geschuldet ist, dass ein Prozess für ein ganzes Team oder
eine ganze Organisation geschaffen werden muss. Die priorisierten Ideen für Experimente
finden sich dann in einem Backlog wieder, das nach Priorität abgearbeitet und in ein Experiment umgewandelt wird. Dieses Experiment wird ausgeführt und analysiert. Interessant ist auch der letzte Schritt bei Balfour, nämlich die Systematisierung von Experimenten. Die Systematisierung von erfolgreichen Experimenten in das existierende Produkt als
eine Art iterativer Produktentwicklungsprozess macht zwar Sinn, jedoch wird nicht ganz
klar, was genau aus der Systematisierung in das Brainstorming wieder übernommen wird.
Es sollten vielmehr zumindest abstrakt die Erkenntnisse aus dem Experiment festgehalten
werden und auf deren Basis neue Ideen kreiert werden, die wiederum ausgetestet werden.

Etwas moderner ist der von Growth Tribe entwickelte GROWS-Prozess (Arnoux 2016).
Er beginnt mit dem Sammeln von Ideen, abweichend von Balfour nicht notwendigerweise
mittels Brainstorming, sondern eher abstrakt beschreibend und kann auf verschiedenen
Quellen beruhen. Anschließend kommt ebenfalls die Priorisierung bzw. das Ranking von
Ideen, für die Growth Tribe insbesondere die beiden Methoden BRASS und PIES vor-
schlägt. Diese beiden Methoden funktionieren ähnlich wie das zuvor beschriebene RICE
Framework und sollen hier nicht näher beschrieben werden. In einem nächsten Schritt
erfolgt das Beschreiben des Experiments, das in der Regel im Rahmen eines möglichst
prägnanten Dokuments festgehalten werden soll. Dabei betont Growth Tribe vor allem,
das Experiment zeitlich zu begrenzen und zu versuchen, das Experiment in einem ersten
Schritt so einfach wie möglich zu gestalten. Anschließend wird das Experiment idealerweise in einem cross-funktionalen Team ausgeführt. Anschließend werden alle Daten, die
im Rahmen des Experiments gewonnen und erzeugt worden sind, analysiert und gemeinsam werden die nächsten Schritte daraus abgeleitet, insbesondere wie man die gewonnenen Erkenntnisse für die Entwicklung des Unternehmens nutzt.

Die beiden beschriebenen Prozesse für das Experimentieren von Balfour und Growth
Tribe sind sich sehr ähnlich und bauen vermutlich sogar aufeinander auf. Interessant ist,
dass im Vergleich zu der wissenschaftlichen Methode das Ranking oder die Priorisierung
von Ideen eine entscheidende Rolle spielt. Dies kann in der Praxis zu Problemen führen,
denn allein die Auswahl des (neutralen) Ranking Systems ist im Einzelfall schwierig, weil
es hier im Regelfall keine identischen Meinungen bei den beteiligten Teammitgliedern
geben wird. Die Priorisierung ist ein in der Praxis relevantes Problem und der Vorschlag,
ein Ranking System einzuführen, vermutlich die pragmatischste Lösung. Eine weitere
Besonderheit ist, dass nicht näher auf die Hypothesenentwicklung eingegangen wird, obwohl auch diese in der Praxis relevant ist, vor allem, wenn die Experimente möglichst in
einem Unternehmen demokratisiert werden sollen und jeder die Möglichkeit bekommen
sollte, eine Idee vorzuschlagen.

Hier ist die Frage, ob zunächst die Idee in eine Hypothese geformt werden soll, was
teilweise schwierig ist, und im Anschluss daran eine Priorisierung vorgenommen werden

soll oder ob die Idee an sich priorisiert wird und dann in eine Hypothese umgewandelt werden soll. Zwar wird diese Frage weder von Growth Tribe noch von Balfour klar beantwortet, allerdings sollte der Anspruch des Experiment Teams sein, dass die beteiligten Mitarbeiter in der Lage sind, eigene Hypothesen aufzustellen und nicht lediglich reine Ideen vorzuschlagen. Dies hat den Vorteil, dass jeder Mitarbeiter potenziell Zugang zum Experimentieren hat und neue Initiativen vorschlagen kann. Nachteilig ist allerdings, dass die Mitarbeiter lernen müssen, in Hypothesen zu denken und ihre eigenen Ideen in diese Hypothesen umzuformen.

Spotify

Beispielhaft soll der von Spotify angewandte Prozess beschrieben werden (Bunyik 2019). Im Fall von Spotify ist zu beachten, dass bereits eine voll funktionsfähige Experimentierplattform vorhanden ist und der Prozess zusammen mit dieser Plattform gewachsen ist. In der Planungsphase geht es bei Spotify erst einmal darum, eine Hypothese aufzustellen und einen Versuchsaufbau zu erstellen. Bei Letzterem geht es vor allem auch um den technischen Aufbau, der sicherstellt, an welche Nutzer beispielsweise das Experiment ausgeliefert wird und wie viele Versionen des Experiments es geben wird. Im Anschluss beginnt bei Spotify die Laufphase, in der das Experiment finalisiert und gestartet wird, ein Monitoring aufgesetzt wird und abgewartet wird, bis das Experiment abgeschlossen ist. Zuletzt wird in der Analysephase das Experiment untersucht, ausgewertet und darauf basierend eine geschäftliche Entscheidung getroffen. ◄

Zwar liegt der Prozess von Spotify wiederum sehr nah der wissenschaftlichen Methode und involviert auch, welche technischen Voraussetzungen erfüllt werden müssen, um ein Experiment zu starten. Jedoch fängt der Prozess hier sehr spät an und es ist nicht erkennbar, wie bei Spotify Ideen oder Hypothesen priorisiert werden und wie aus möglichen Ideen eine Hypothese erarbeitet wird. Dies ist vermutlich die größte Schwachstelle von öffentlich bekannten Prozessen rund um das Experimentieren. Speziell wenn mehrere Teams mit möglicherweise sogar funktionalen Zuständigkeiten beim Experimentieren eine Priorisierung vornehmen müssen, kann es sehr schwer werden, die Kriterien für ein Ranking objektiv darzulegen. Außerdem sollte es Ziel sein mittels Weiterbildung der Mitarbeiter, diese dazu bringen, in Hypothese und nicht Ideen zu denken, weil diese sonst nicht getestet werden können.

7.2   Die Voraussetzungen

Nachdem zunächst der grundlegende Prozess beschrieben wurde, soll es nun darum gehen, welche zusätzlichen Voraussetzungen vorhanden sein müssen, um diesen Prozess durchlaufen zu können. Das wohl zentralste Elemente vor dem Beginn des Experimentierens ist die Zielsetzung. Idealerweise ist direkt aus den Unternehmenszielen auch ableitbar, an welchen Themen mithilfe von Experimenten gearbeitet werden sollte. Zwar sollte das Ziel ein sehr allgemeines Problem des Unternehmens lösen, allerdings trotzdem genau formuliert sein. Wenn es beispielsweise gerade wichtig ist, den Umsatz zu erhöhen, so sollte das Ziel nicht einfach lauten „Umsatz erhöhen", sondern das Ziel sollte genauer spezifiziert und auch in einen zeitlichen Rahmen eingebettet werden, wie beispielsweise „Den Umsatz innerhalb der nächsten sechs Monate um 20 Millionen Euro erhöhen". So wird sichergestellt, dass jeder Mitarbeiter auch eine klare Kennzahl sowohl in Bezug auf Leistung als auch in Bezug auf Zeit hat, an die er sich halten muss.

Im Zusammenhang mit der Zielsetzung speziell bei Experimenten wird häufig von One Metric That Matters (OMTM) gesprochen, also einer Metrik, die das ultimative Ziel eines Teams oder Unternehmens für einen bestimmten Zeitraum darstellt (Croll und Yoskovitz 2013). Im Unterschied zu den sogenannten North Star Metrics gilt OMTM aber nur für eine bestimmte Zeit und eventuell sogar für nur ein bestimmtes Team. Die Anwendung von OMTM bringt Klarheit und Sicherheit in das Team und sorgt im Rahmen der Experimente insbesondere dafür, dass bereits in der Ideenfindungsphase nur an Ideen gearbeitet wird, die auf diese konkrete Metrik einzahlen. Üblicherweise wird für OMTM eine Wachstums-Metrik angewandt. Vor allem im Start-up-Kontext gilt das von Paul Graham erklärte Prinzip, dass Start-up gleichzusetzen ist mit Wachstum (Graham 2012). Es geht darum zu wachsen, sei es auf Basis von Umsatzwachstum, Nutzerwachstum oder der ständigen Erhöhung eines zentralen Elements im Produkt. Beispielhafte OMTM sind die folgenden:

- Anzahl der Website-Besucher, die durch Influencer Marketing auf uns aufmerksam wurden
- Anzahl der Nutzer, die eine Bestellung auf der Website abgaben und aus Deutschland kommen
- Prozentualer Anteil der Nutzer, die fünf Tage nach dem ersten Besuch auf unserer Website diese erneut besuchen

Eine Formulierung des Ziels, das speziell für das Experimentieren gilt, hat den Vorteil, dass das Team genau weiß, mit welchen Themen es sich beschäftigen sollte und welche Themen momentan nicht so wichtig sind. Dies hilft vor allem beim Priorisieren von verschiedenen Ideen. Eine Idee, die in eine Hypothese umgeformt werden kann, sollte nur dann weiterverfolgt werden und in die nächsten Schritte im Prozess gebracht werden, wenn sie auch klar und deutlich auf die zuvor festgelegte OMTM einzahlt. Ansonsten sollte die Hypothese zwar im Backlog festgehalten werden, aber erst später wieder aufgegriffen werden.

Sobald ein Ziel bestimmt wurde, empfiehlt es sich, die einzelnen Schritte der Nutzer, die zur gewünschten Conversion führen, nachzustellen und visuell aufzubereiten (Patton 2015).

Spotify

Dies soll anhand eines Beispiels verdeutlicht werden. Möchte man die Anzahl der Nutzer erhöhen, die sich in einer Mobile App registrieren, so gibt es dabei beispielsweise folgende Abfolge von Schritten:

1. Der Nutzer geht zum App Store und sucht nach der App
2. Der Nutzer wählt die App aus und installiert sie auf dem Smartphone
3. Der Nutzer öffnet die App und registriert sich

Diese drei grundsätzlichen Schritte sind eigentlich recht einfach, teilt man sie jedoch weiter auf, ergeben sich dennoch einige Möglichkeiten. Allein der erste Schritt, bei dem der Nutzer zum App Store geht und auf die App stößt, eröffnet viele Möglichkeiten und Denkrichtungen, wie beispielsweise:

1. Welche Begriffe muss der Nutzer eingeben, um die App zu finden?
2. In welchen Kategorien ist die App gelistet?
3. Wird die App möglicherweise irgendwo im App Store gefeatured?
4. Lohnt es sich eventuell sogar, in eine bezahlte Werbung innerhalb des App Stores zu investieren?

All diese Schritte sind natürlich durch das Unternehmen beeinflussbar. Es ist möglich, neue Begriffe hinzuzufügen, damit das Unternehmen besser positioniert werden kann. Das Produkt kann besser in eine Kategorie eingeordnet werden. Die Bilder innerhalb der Suche können prägnanter sein. Die Schrift und Beschreibung der App im Rahmen der Suche können verbessert werden usw. ◄

Allein bei dieser sehr kurzen Abfolge von Schritten können sehr viele Möglichkeiten für Experimente identifiziert werden, ohne neue sekundäre Quellen zu bemühen. Dies gilt natürlich auch für andere Nutzererfahrungen, die zur gleichen Conversion führen, denn möglicherweise sucht der Nutzer nicht nach der App im App Store, sondern wird vielmehr von einer Website direkt zum Produkt im App Store gelenkt. Eventuell ist es auch sinnvoll, die App direkt in einer Facebook-Werbung zu bewerben. Durch all diese neuen Wege, zum Produkt bzw. zur gewünschten Conversion zu gelangen, eröffnen sich auch neue Wege, um die Nutzererfahrung zu verbessern. Listet man für all diese Fälle die Nutzererfahrung auch visuell ansprechend auf, entstehen meist schon durch eine gemeinsame Betrachtung des Status quo viele neue Hypothesen. Es ist dabei wichtig, auch tatsächlich jedes einzelne Element zu beachten, also zum Beispiel einen Screenshot von der verwendeten Facebook-Werbung einzufügen und womöglich sogar noch zu beschreiben, wie sich der Nutzer fühlt, wenn er diese Werbung betrachtet. Wenn man nun zusätzlich noch diese verschiedenen Wege, die zu ein und derselben Conversion führen, prozentual aufgeteilt, also beschreibt, wie viele Nutzer über die Website zur Registrierung in der Mobile App gelangen und wie viele direkt über den App Store, kann dies zusätzlich hilfreich bei der Priorisierung von verschiedenen Hypothesen sein.

Eine solche Vorgehensweise schafft einen sehr guten Rahmen, um gemeinsam mit einem Team darüber nachzudenken, wie die Nutzererfahrung verbessert werden kann. Gleichzeitig kann erreicht werden, dass jeder Beteiligte genau weiß, welcher Abschnitt gerade für den Nutzer verbessert wird, was zu einer besseren Abstimmung der Beteiligten verhilft. Idealerweise wird auch bei jeder Veränderung der bestehenden Nutzererfahrung der Teil, der durch ein Experiment verändert wird, gesondert dargestellt, sodass zusätzlich klar ist, an welchen Stellen im Produkt gerade Experimente stattfinden.

7.3   Quellen für Ideen und Hypothesen

Nachdem zuvor kurz besprochen wurde, wie man Ideen und Hypothesen mittels visueller Aufbereitung in Form einer User Journey Map finden kann, sollen im Folgenden noch ein paar andere Quellen aufgelistet werden, die zusätzliche Experimente ermöglichen (siehe Abb. 7.1).

Zunächst einmal ergeben sich aus gängigen CRO Best Practices bereits viele Elemente, die in ähnlicher Form auch für die eigenen Experimente übernommen werden können. Insbesondere ist es für alle Teammitglieder empfehlenswert, sogenannte Swipe Files anzulegen, die zur Inspiration der eigenen Arbeit dienen können (Stillman 2014). Dabei handelt es sich um eine Art Archiv, das verschiedene erfolgreich durchgeführte Experimente aus eigener Erfahrung enthält oder Quellen zusammenfasst, die erfolgreich durchgeführte Experimente von anderen Teams beschreiben. Ein solches Archiv kann dann auch jederzeit mit dem Team selbst geteilt werden. Beispielhaft könnte es in diesem Archiv eine Landing Page geben, die ein Video auf der Hauptseite zeigt und von der be-

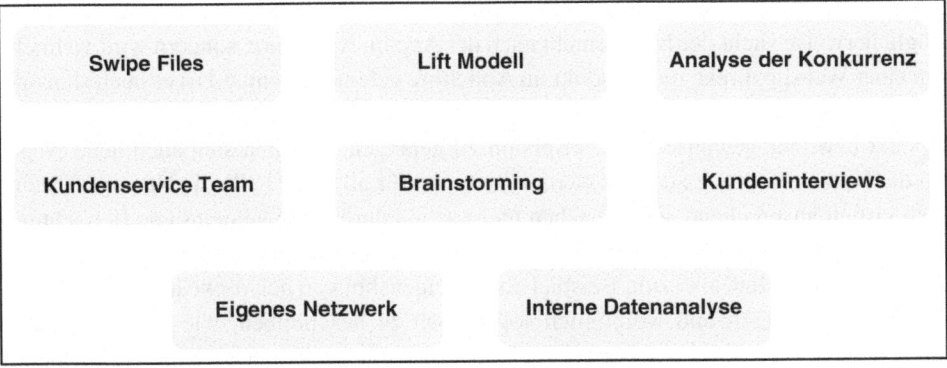

Abb. 7.1 Quellen zur Ideenfindung

kannt ist, dass durch dieses Video die Aufrufzahlen und Registrierungen der User ganz entscheidend erhöht wurden. Natürlich könnte man daraus ableiten, dass ein solches Video diese positiven Effekte auch für das eigene Produkt mit sich bringen würde. Allerdings hängt dieser Erfolg von vielen weiteren Faktoren ab. Möglicherweise passt das Video aus dem Archiv einfach sehr gut zur Brand des Produkts oder es ist dem Team gelungen, das Produkt in diesem Video besonders gut und vereinfacht darzustellen. Das muss allerdings nicht zwangsläufig für das eigene Produkt gelten. Daher sind diese Arten von Best Practices hilfreich, um eine Inspiration zu bekommen, sie sollten aber nicht getestet werden, ohne sie in den Kontext zum eigenen Produkt zu setzen und zu erklären, warum der Erfolg auch für das eigene Produkt ableitbar ist.

Ein häufig bemühtes Modell, das diese Best Practices zusammenfasst und konzeptioniert, ist das sogenannte Lift-Modell (Goward 2012). Hierbei werden sechs Faktoren beschrieben, die für die Conversion des Nutzers verantwortlich sind. Zunächst gibt es ein Wertversprechen, das im Rahmen der Nutzererfahrung deutlich werden muss, der zentrale Faktor im Lift-Modell. Zusätzlich zum Wertversprechen muss beim Nutzer allerdings auch eine Art Dringlichkeit erzeugt werden, die ihn dazu führt, dass er jetzt sofort den nächsten Schritt tätigt und nicht wartet, der zweite Faktor. Faktoren, die zusätzlich die Conversion erhöhen können, sind Relevanz, also dass dem Nutzer klargemacht wird, was er zu erwarten hat von dem Produkt, und Klarheit, die es schafft, das Wertversprechen simpel zu verpacken, sodass der Nutzer es auch versteht. Dabei geht es vor allem darum, es dem Nutzer sehr einfach zu machen, den nächsten Schritt zu gehen. Faktoren, die jedoch die Conversion regelmäßig reduzieren, sind Ablenkung, also Elemente, die eigentlich keine Relevanz für den Nutzer haben, und Angst, die möglicherweise durch bestimmte Elemente des Produkts erzeugt werden kann.

Das beschriebene Lift-Modell ist sehr eingängig und unter den Gesichtspunkten der sechs Faktoren ergeben sich bei genauerer Betrachtung der Nutzererfahrung viele Möglichkeiten, neue Experimente zu implementieren. Hierzu kann etwa ein kurzes Brainstorming initiiert werden, wobei jedem Teammitglied einer oder mehrere dieser Faktoren zugewiesen werden und es muss auf Basis dieses Faktors beschreiben, wie es das Produkt in Bezug auf diesen Faktor gerade wahrnimmt. Auf diese Weise werden spannende Diskussionen angeregt und können die Teammitglieder auch neue Denkweisen annehmen.

Durch eine Analyse der Konkurrenten können ebenfalls neue Ideen gewonnen werden. Insbesondere durch den Vergleich, wie direkte und indirekte Konkurrenten bestimmte Schritte für den Nutzer gelöst haben, ergeben sich häufig gute Ideen, wie etwas Ähnliches auch im eigenen Produkt implementiert werden kann. Dabei ist es aus eigener Erfahrung besonders hilfreich, nicht nur den eigenen Industriezweig im Blick zu behalten, sondern auch auf indirekte Konkurrenten zu achten und darauf, wie sie bestimmte Dinge im Produkt umsetzen.

Interessant ist es auch, Teammitglieder in den Denkprozess miteinzubeziehen, die keinen direkten Produktbezug haben. Teammitglieder aus Public Relations oder Customer Service sind mitunter von der Produktentwicklung ausgeschlossen, obwohl sie das Produkt selbst kommunizieren müssen oder ständig mit den potenziellen Nutzern reden. Oft bekommt das Team hierdurch nochmals neue Denkanstöße und trifft auf gute Argumente, die es in die Produktentwicklung miteinbeziehen sollte. Weil das Produkt vor allem für Teams wie etwa Public Relations oder Customer Service auch eine große Bedeutung hat und sich diese Teams mit dem Produkt identifizieren müssen, ist es auch von diesen geradezu gewünscht und daher für beide Seiten von Vorteil, einen regelmäßigen Austausch zu initiieren.

Wie bereits beschrieben spielt das Customer Support Team ebenfalls eine wichtige Rolle innerhalb des Unternehmens. Allein durch ein Interview mit den Teammitgliedern aus diesem Bereich können neue Erkenntnisse über etwaige Bottlenecks oder häufige Anliegen der Nutzer gewonnen werden. Genauso eignen sich hierfür klassische Interviews mit den Nutzern selbst. Hier ist es allerdings noch einmal wichtig zu betonen, dass es sich dabei nur um Ideen handelt und selbst wenn viele Nutzer eine bestimmte Produktänderung vorschlagen, diese Idee erst getestet werden muss. Spannend ist hierbei auch, die bereits existierenden Nutzeranfragen und Interaktionen mit dem Customer Support Team zu analysieren und auszuwerten. Besonders häufige Anfragen der Nutzer lassen sich dadurch quantifizieren und es kann besser nachvollzogen werden, welche Auswirkungen neue Features auf die Nutzerbeziehung haben.

Ein zusätzlicher Rat ist es, sich auch eine Art Netzwerk mit Gleichgesinnten aufzubauen, die man für Problemstellungen zu Produktthemen immer befragen kann. Vor allem Produktmanager, die ähnliche Probleme lösen und in ähnlichen Positionen tätig sind, sehen viele Aspekte bei der Produktentwicklung aus einem neuen Blickwinkel. Oft bekommt man hier auch einen guten Eindruck, wie das Produkt von außen wahrgenommen wird und welche Elemente des Produkts man selbst gerade gar nicht wahrnimmt. Das gilt neben der Ideenentwicklung natürlich für viele weitere Themen bei der Etablierung von Experimenten. Insbesondere auch die kulturelle Anpassung des Unternehmens und der Umgang mit Stakeholdern kann thematisiert werden.

Zuletzt ist es auch immer wichtig, die Produktdaten selbst im Auge zu behalten. Anomalien oder neue Trends können dabei helfen, neue Ideen zu entwickeln oder auf eine Persona aufmerksam zu werden, die in der Form noch nicht bedacht wurde. Wird beispielsweise festgestellt, dass Nutzer besonders gut nachts auf eine Werbung des Produkts auf Facebook ansprechen, so kann das Produkt noch stärker für diese Zielgruppe ausgerichtet und speziell eine Persona angesprochen werden, die bei Nacht auf das Produkt reagiert. Dies gilt natürlich genauso für Features und Elemente innerhalb des Produkts, die womöglich zu einer bestimmten Tages- oder Jahreszeit genutzt werden. Das Erkennen dieser Anomalien oder Trends sollte idealerweise mithilfe von Modellen automatisiert erfolgen.

Besonders weit ist das Feld für Ideen, wenn es um neue Akquisition-Kanäle geht. Von Plakaten an Hauptbahnhöfen über bezahlte Google Ads bis hin zu Kaltakquise per Telefon gibt es unzählige Möglichkeiten, neue Nutzer für das eigene Produkt zu begeistern. Es ist

Social Ads	Engineering as Marketing	Affiliate Programs
Sales	Community Building	Speaking Engagements
Content Marketing	Offline Ads	Search Engine Marketing
Unkonventionelle PR	Search Engine Optimization	Viral Marketing
Konferenzen	Blogs	Business Development
Pressearbeit	Existing Platforms	Public Relations
	Email	

Abb. 7.2 Die 19 Kanäle nach Gabriel Weinberg

eine große Herausforderung, diese Kanäle zu ordnen sowie zu organisieren und systematisch zu verstehen, welche Kanäle für das eigene Produkt am erfolgversprechendsten sind. Daher wurde von Gabriel Weinberg das Bullseye Framework entwickelt (Weinberg und Mares 2015). Darin beschreibt er eine Systematik, mit der man Schritt für Schritt hin zum richtigen Kanal geführt wird. Das Framework besteht aus drei Ringen ähnlich einer Dartscheibe. Auf dem äußeren Ring sind alle möglichen Kanäle aufgeführt, um Nutzer anzuwerben. Weinberg nennt insgesamt 19 verschiedene Kanäle (siehe Abb. 7.2). Im mittleren Ring sind nur noch die Kanäle aufzufinden, die für das eigene Produkt im momentanen Stadium sinnvoll sind. Es macht beispielsweise für ein Social Network wenig Sinn, neue Nutzer per E-Mail anzuschreiben und sie für das Produkt zu begeistern, im B2B-Kontext für ein SaaS-Tool dagegen durchaus. Die Kanäle des mittleren Kanals werden nach und nach ausprobiert, und das Ziel ist es, einen oder mehrere Kanäle zu finden, die am besten funktionieren. Diese rücken dann vom mittleren Ring in den inneren Ring vor – dem Bullseye.

Dieses Framework eignet sich ideal, um die Maßnahmen und Strategie, die für das Marketing geplant sind, zu beschreiben und systematisch zu ordnen. Dies hilft speziell dem Marketingverantwortlichen selbst, denn er kann nun aufzeigen, welche Kanäle er für sinnvoll hält und welche momentan nicht getestet werden. Auf diese Weise werden Klarheit und Systematik sowohl für das eigene Team als auch für alle am Marketing beteiligten Teammitglieder geschaffen. Jedoch sollte auch hier betont werden, dass es sich um Hypothesen handelt, die es erst noch zu belegen gilt.

7.4 Priorisierung

Wie bereits erwähnt, ist es schwierig, einerseits gleichzeitig alle Ideen von allen Teammitgliedern zuzulassen und andererseits gewisse Anforderungen an eine Idee zu stellen, um sie dann auch priorisieren zu können. Grundsätzlich ist es natürlich wichtig und gut, neue

Ideen zu haben und ständig zu entwickeln, aber diese sollten auch schnell in eine Hypothese umwandelbar sein und in ein Experiment umgewandelt werden.

Um diese Priorisierung vorzunehmen, kann auf unterschiedliche Weise vorgegangen werden. Grundsätzlich geht es dabei um folgende Kategorien. Erstens sollte beschrieben werden, wie sehr man an den Erfolg dieser Idee glaubt, also eine subjektive Metrik, die am besten in Prozent ausgedrückt wird. Zweitens sollte auch beachtet werden, wie groß die Auswirkungen der Idee auf den gesamten Nutzerstamm ist. Diese beiden Kategorien sind bedeutsam, denn sie machen klar, dass es beispielsweise viele Maßnahmen gibt, die höchstwahrscheinlich erfolgreich sind, die aber keine großen Auswirkungen auf die Nutzerbasis haben. Beispielsweise könnte die Weiterentwicklung einer ersten Version eines Features unstrittig zur verbesserten Nutzung und höheren Nutzerzufriedenheit führen. Es sollte allerdings auch bedacht werden, wie viele Nutzer dieses Feature überhaupt nutzen, bevor man diese Weiterentwicklung priorisiert.

Zuletzt ist mit entscheidend, schon früh einzuschätzen, wie viele Ressourcen für die Umsetzung dieser Idee benötigt werden. Auch hier muss zu einem frühen Zeitpunkt eine Idee genau eingeschätzt werden, was sich in der Praxis als schwierig erweist. Das Konzept eines Minimum Viable Experiments beschreibt genau diese Herausforderung. Natürlich sollte versucht werden, den Kern des Experiments oder der Hypothese im Rahmen eines möglichst einfachen Versuchsaufbaus wiederzugeben, aber die Einfachheit und womöglich minderwertige Nutzererfahrung sollten nicht dazu führen, dass das Experiment beeinflusst wird und der Nutzer aufgrund dessen eine negative Reaktion zeigt. Zwar gibt es für diese Herausforderung selten eine eindeutige Lösung, allerdings immer hilfreich ist es, das Experiment in mehrere Versionen zu unterteilen und dann gemeinsam mit dem Team zu entscheiden, welche Version man als Erstes für ein Experiment verwendet.

Beispielhaft soll hier auch das RICE Framework erklärt werden, welches bei der Priorisierung von verschiedenen Experimenten helfen kann. Das RICE Framework enthält folgende Elemente (siehe Abb. 7.3):

- Reach, also eine Anzahl an Nutzern, die von der Idee betroffen wären;
- Impact, also wie sehr die einzelnen Nutzer diese Veränderung spüren würden;
- Confidence, also wie sehr man von obigen Einschätzungen überzeugt ist;
- Effort, also wie viele Ressourcen für die Umsetzung benötigt werden.

Reach	Impact	Confidence	Effort
Wie viele Nutzer wird ein Feature erreichen?	Wie sehr werden die Nutzer von einem Feature profitieren?	Wie sicher sind wir uns bei den beiden zuvor genannten Werten (R und I)?	Wie viel Zeit wird die Entwicklung eines Features vom Team in Anspruch nehmen?

Abb. 7.3 Das RICE Framework

Nutzt man dieses Framework zusammen mit den vorgegebenen Skalen für alle Ideen, kann man methodisch sinnvoll die Ideen untereinander priorisieren. An dieser Stelle seien noch das PIE Framework und das BRASS Framework erwähnt, die ähnlich wie das RICE Framework die oben erwähnten generellen Kategorien mit sich bringen. Zwar können diese Frameworks sehr gut dabei helfen, eine Priorisierung unter den Experimenten vorzunehmen, jedoch ist wichtig, dass sichergestellt wird, dass die Experimente bereits konkret als Hypothese bzw. sogar schon als Experiment formuliert sind. Anders ist es nicht möglich, realistisch einzuschätzen, wie viele Ressource benötigt werden.

Generell gibt es oft Missverständnisse speziell in Bezug auf die Auswirkung von Ideen. Deshalb werden nachfolgend einige generelle Kriterien angeführt, welche Ideen potenziell mehr Auswirkungen auf den Nutzer haben können. Bei Experimenten auf der Landing Page sollten die Ideen und Elemente above the fold liegen, also auf einer Website im oberen Segment. Das stellt sicher, dass der Nutzer sie direkt beim Erreichen der Landing Page wahrnimmt und nicht erst weiterscrollen muss.

Die Ideen sollten entweder Ablenkungen vom Produkt entfernen oder wichtige benötigte Informationen hinzufügen. Dies ist auch ein wesentlicher Faktor beim zuvor bereits erwähnten Lift-Modell. Oft wirkt sich die Vereinfachung eines Abschnitts in der Nutzererfahrung ähnlich aus wie das Einfügen einer zusätzlichen Information, die dem Nutzer mehr Kontext gibt. Seltener hat das Vertauschen oder Verschieben von mehreren Elementen eine große Auswirkung.

An der entsprechenden Stelle im Produkt sollte es sehr viele Nutzer täglich geben. Oder es gab ein ähnliches Experiment bei einem Konkurrenten und dies hatte einen enormen Einfluss. So wird gewährleistet, dass viele Nutzer von dem Experiment berührt werden und darauf reagieren müssen.

Die Priorisierung bereitet in der Praxis aufgrund der frühen Phase, in der sich die Ideen befinden, oft Schwierigkeiten, weil viele Dinge noch nicht klar oder abzuschätzen sind. Besonders bei jungen Unternehmen, die in einem frühen Stadium bereits mit Experimenten beginnen möchten, sollte auf die methodische Umsetzung der Priorisierung nicht so viel Wert gelegt werden. Die Bewertungen der Ideen und der Hypothese werden zu Beginn häufig subjektiv sein und daher ist es auch durchaus möglich, einen komplett subjektiven Priorisierungsprozess zuzulassen, um beliebteste Idee schnell umsetzen zu können. Diese Vorgehensweise hat den Vorteil, dass man das Team besser vom Experimentieren überzeugen und erst nach und nach aufzeigen kann, wie zu einer besseren Priorisierung überzugehen ist.

Für die Veranschaulichung und Dokumentation der Priorisierung bietet sich hier eine Liste im Format eines klassischen Backlogs an, die entweder in einem Tabellenblatt festgehalten werden sollte oder in einem auch im Produktentwicklungsprozess verwendeten Tool wie Asana oder JIRA.

Literatur

Arnoux D (2016) How to implement a growth marketing process (a.k.a a growth hacking process) – the grows process. https://www.youtube.com/watch?v=Zr7iJ9A90Oc&t. Zugegriffen am 22.10.2021

Beger B, Gilbert T (2017) Cultivating a culture of experimentation. https://www.slideshare.net/optimizely/cultivating-a-culture-of-experimentation. Zugegriffen am 22.10.2021

Bunyik K (2019) Building a scalable experimentation platform at Spotify. https://www.youtube.com/watch?v=RPyriHfNblE&t. Zugegriffen am 22.10.2021

Cartwright B (2017) So erstellen Sie einen Prozess für Wachstumsexperimente. https://blog.hubspot.de/marketing/wachstumsexperimente. Zugegriffen am 22.10.2021

Croll A, Yoskovitz B (2013) Lean analytics: use data to build a better startup faster. O'Reilly, Sebastopol

Goward (2012) You should test that: conversion optimization for more leads, sales and profit or the art and science of optimized marketing. Wiley, Hoboken

Graham P (2012) Startup = Growth. http://www.paulgraham.com/growth.html. Zugegriffen am 22.10.2021

Patton J (2015) User story mapping – Nutzerbedürfnisse besser verstehen als Schlüssel für erfolgreiche Produkte. O'Reilly, Sebastopol

Stillman J (2014) New Small-Business Must-Have: A Swipe File. https://www.inc.com/jessica-stillman/new-small-business-must-have-a-swipe-file.html. Zugegriffen am 22.10.2021

Weinberg G, Mares J (2015) Traction: how any startup can achieve explosive customer growth. Portfolio Penguin, New York

Das Experiment

8.1 Voraussetzungen

Zunächst soll noch einmal auf einige Voraussetzungen eingegangen werden, die einen effizienten Ablauf der Experimente in dieser Phase garantieren. Es ist wichtig, dass die Ziele für das entsprechende Experiment Team gesetzt sind. Dies kann im Rahmen von existierenden OKRs oder auf Basis des zuvor beschriebenen OMTM Frameworks geschehen. Es gibt hier tatsächlich verschiedene Möglichkeiten der Umsetzung und es kommt vor allem darauf an, wie das Unternehmen die gesamte Zielsetzung nutzt.

An diesem Punkt ist auch entscheidend, dass alle in der Organisation beteiligten Mitarbeiter über die Bedeutung der Experimente unterrichtet wurden und verstehen, dass diese direkte Auswirkungen auf ihren eigenen Bereich haben könnten. Dies kann je nach Fokus der Experimente vor allem den technischen Bereich und die Entwickler betreffen, spielt jedoch oft auch eine Rolle für Marketing und Brand Teams.

Idealerweise wurde bereits besprochen, was im Falle eines möglichen Blockers durch ein Teammitglied geschieht. Das heißt, falls ein Mitarbeiter einem bestimmten Experiment nicht zustimmt und keine benötigten Ressourcen zur Verfügung stellt oder Rechte freigibt, könnte an dieser Stelle bereits vordefiniert sein, wer im Unternehmen zu informieren ist, um diese Blockierung für das Team zu lösen.

Wichtig ist auch, dass sich das Team vollständig abgestimmt hat und der Prozess abgesprochen ist. Vor allem, wenn personelle Ressourcen mit einem anderen Teammitglied geteilt werden, ist dies oft problematisch und sollte bereits im Vorfeld besprochen werden. Ähnlich sollte mit der zeitlichen Komponente umgegangen werden. Sowohl bei geteilten Ressourcen als auch bei beteiligten Mitarbeitern, die noch andere Verantwortungen haben, ist festzulegen, wie viel Zeit die Teams für das Experimentieren mindestens zur Verfügung

N. Stotz, *Experimentelle Produktentwicklung*, https://doi.org/10.1007/978-3-662-65467-5_8

stellen sollten. Ohne diese Abstimmungen werden sowohl die involvierten Teams als auch das einzelne Teammitglied schwerlich nachvollziehen können, welche Tätigkeiten in bestimmten Fällen zu priorisieren sind.

Zusätzlich können die im Folgenden angegebenen praktischen Tipps geteilt werden, die den Ablauf der Experimente üblicherweise vereinfachen und als generelle Prinzipien herangezogen werden können.

Ein Experiment Champion oder Program Manager, der die Verantwortung für das Experimentieren hat und von der Idee und Wichtigkeit für das Unternehmen überzeugt ist, sollte besonders in der frühen Phase intensiv in den Prozess eingebunden sein. Dies ist insbesondere wichtig, weil bei einem neuen Prozess wie diesem häufig Dinge nicht so laufen wie ursprünglich angenommen, was offen und transparent kommuniziert werden muss, immer mit dem Hinweis darauf, was man aus diesem Ereignis gelernt hat. Nur so kann garantiert werden, dass bei diesem wichtigen Thema alle Beteiligten sowie das Management immer über den aktuellen Stand unterrichtet sind.

Zudem ist die Organisation gerade in der Experimentier-Phase von ganz entscheidender Bedeutung. Alle geplanten Meetings und Zusammenkünfte der Beteiligten sollten bereits in den entsprechenden Kalendern vermerkt sein und auch öffentlich dokumentiert werden. Möglich ist es beispielsweise auch, interessierte Mitarbeiter einzuladen und diese in die Gewinnung von neuen Ideen miteinzubeziehen. Für die einzelnen Umsetzungsschritte und für jedes einzelne Experiment sollte eine Art Action Plan erstellt werden, der es für jeden Beteiligten einfach nachvollziehbar macht, wofür er zuständig ist und bis wann er sich darum kümmern muss.

Eine gute Vorgehensweise ist es gerade bei der Einführung eines neuen Prozesses, regelmäßig Meetings und Phasen zu rekapitulieren. Weil die Planung und Priorisierung des Experiments einen erheblichen Anteil des Prozesses ausmachen, eignet sich dafür eine kurze Zusammenfassung, welche Experimente zur Ausführung ausgewählt wurden und warum. Dies kann in möglichst vielen Kanälen (internes Kommunikationstool, E-Mail etc.) geteilt werden, um zu Transparenz in Bezug auf die Experimente beizutragen. Auch diese Maßnahme leitet sich von dem Grundsatz ab, möglichst viel Transparenz zu schaffen und proaktiv über alle Schritte im Rahmen des Experimentierens zu informieren.

Zur Demokratisierung dieses Prozesses ist es auch von Bedeutung, dass jeder Mitarbeiter die Möglichkeit hat, auf die Experimente Einfluss zu nehmen. Dies kann im Rahmen von regelmäßigen offenen Brainstorming Sessions, speziellen Plattformen erfolgen oder indem der Mitarbeiter proaktiv in Kontakt tritt mit entsprechenden Mitarbeitern. Ziel sollte es sein, dass jeder im Unternehmen genau verstanden hat, auf welche Weise eine Idee in diesen Prozess eingebracht werden kann. Hier können beispielsweise auch bereits existierende Town Halls genutzt werden, um Ergebnisse zu präsentieren und mögliche Fragen aus dem Team über den Stand der Experimente zu beantworten.

Ein häufig kritisch diskutierter Grundsatz ist, dass die Geschwindigkeit der Experimente über allem steht. Dies hat zur Folge, dass bestimmte etablierte Erwartungen und

Ansprüche, die sich im Laufe der Zeit in Bezug auf das Produkt entwickelt haben, nicht notwendigerweise in diesem Experiment Prozess eingehalten werden. Das hat insbesondere zu Beginn des Prozesses zur Folge, dass zum Beispiel Daten nicht automatisiert gesammelt werden, bestimmte Branding-Richtlinien nicht eingehalten oder Design-Ansprüche nicht erfüllt werden. Es können Diskussionen mit den entsprechenden Abteilungen auftreten, die möglicherweise ihren Zuständigkeitsbereich schützen wollen. Auch hier kann mit frühzeitiger, proaktiver Abstimmung viel erreicht werden und erklärt werden, dass nur durch eine schnelle Experimentation neue Nutzererlebnisse geschaffen werden können und deshalb bestimmte Prinzipien nicht sofort eingehalten werden können. Zudem sollte bei jedem Experiment, das auch dem Nutzer gezeigt wird, intern kommuniziert werden, dass es sich um eine frühe Version handelt, die später noch weiter verfeinert wird. Diese Verfeinerung sollte dann auch entweder vorgenommen werden oder man sollte nach der ersten Version das Experiment abbrechen.

Häufig kommt es vor, dass nach der ersten Version das Ergebnis eines Experiments nicht eindeutig ist und das Team keine klare Entscheidung trifft. Dies ist ein Fehler, denn auch bei unklarem Ergebnis sollte entschieden werden, ob man weiterhin an die Hypothese hinter dem Experiment glaubt oder ob man sie verwirft. Dementsprechend sollte das Experiment entweder mittels eines neuen Ansatzes erneut gestartet werden oder man sollte das Experiment in seiner Gänze abbrechen und auch die erste Version aus dem Produkt entfernen.

Natürlich ist es ebenfalls entscheidend, immer dafür zu sorgen, dass sich alle von den Experimenten betroffenen Mitarbeiter sowohl zum Verhalten des Experiment Teams als auch zum Prozess rund um das Experimentieren selbst äußern können. Empfehlenswert ist genau wie bei produktspezifischen Retrospektiven, auch eine monatliche Retrospektive für die Experimente zu halten, etwa beispielsweise mithilfe der 4L-Methode (Roy 2020). Hierbei wird gefragt, was bei dem Prozess gut lief (Liked), was man über den Prozess oder über das Produkt gelernt hat (Learned), was bei dem Prozess gefehlt hat (Lacked) und was man sich zusätzlich noch gewünscht hätte (Longed for). Auf diese Weise einen Safe Space zu schaffen, bei dem wirklich jeder beteiligte Mitarbeiter seine Bedenken und Wünsche äußern kann, kann die Zusammenarbeit im Team deutlich verbessern und vor allem dabei unterstützen, mögliche Verbesserungspotenziale im Prozess zu erkennen. Entscheidend ist, dass die Ergebnisse aus dieser Retrospektive ernst genommen werden und von einem eindeutig bestimmten Owner nach der Retrospektive aufgenommen und bearbeitet werden. In der nächsten Retrospektive kann dieser Punkt kontrolliert werden und sichergestellt werden, dass er auch umgesetzt wurde.

Grundsätzlich sind alle neuen Erkenntnisse und Beobachtungen sowohl zum Prozess als auch zum Erkenntnisgewinn durch den Prozess selbst zu dokumentieren, zentral zu ordnen und jedem Teammitglied zur Verfügung zu stellen, wie im Folgenden genauer beschrieben.

8.2   Das Experiment Dokument

Nachdem die Priorisierung der verschiedenen Ideen abgeschlossen ist und das Team sich
für die Umsetzung einer Idee in Form eines Experiments entschieden hat, folgt im nächsten Schritt die Anfertigung eines Experiment Dokuments (siehe Abb. 8.1). Dieses Dokument ist die zentrale Quelle für die Ausführung des Experiments und sollte die Hypothese
beschreiben, die Umsetzung eindeutig ausführen, die gemessenen Kennzahlen nennen und
klären, wann das Experiment als erfolgreich betrachtet wird. Die einzelnen Elemente des
Dokuments werden im Folgenden näher beschrieben.

Die Idee wird in einem ersten Schritt in eine Hypothese umgewandelt. Idealerweise
werden die Ideen bereits in Form einer Hypothese formuliert, sodass es hier nicht weiter
schwerfällt, diese anzupassen. Weiter ist entscheidend, dass die Hypothese direkt mit den
Zielen des Experiments verbunden ist. Üblicherweise wird dabei zur Vereinfachung die
Hypothese mit dem Satz „Wir glauben, dass …" begonnen und anschließend die zentrale
Komponente des Experiments genannt, beispielsweise eine Marketingkampagne, eine Anpassung der Preise oder die Umgestaltung einer Website. Wichtig ist, dass die Formulierung weiterhin greifbar und verständlich für jedermann ist, dass man sie messen kann und
dass sie auch erreichbar ist.

Einige Beispiele für eine Hypothese:

- Wir glauben, dass durch einen monetären Anreiz an unsere zufriedenen Nutzer mehr
  Weiterempfehlungen erfolgen

Zusammenfassung des Experiments		
1	Hypothese	Wir glauben, dass …
2	Experiment	Um das zu bestätigen, werden wir …
3	Metrik	Und messen die Auswirkungen mit …
4	Kriterien	Wir haben recht, wenn …

Abb. 8.1 Dokumentation des Experiments

- Wir glauben, dass eine Reduzierung der Schritte im Anmeldeprozess dazu führt, dass mehr Nutzer sich in unserer App anmelden
- Wir glauben, dass durch regelmäßige E-Mail-Kampagnen an unsere Bestandsnutzer die Retention erhöht werden kann

Diese Beispiele zeigen, wie unklar das Experiment an dieser Stelle immer noch ist. Zwar enthalten die Hypothesen die Überlegungen hinter dem Experiment, wie dieses jedoch durchgeführt wird, muss genauer beschrieben werden.

Im zweiten Schritt, der Umsetzung, wird der Aufbau des Experiments genau skizziert. Üblicherweise wird hier mit dem Satz „Um das zu beweisen …" gearbeitet. Zunächst einmal soll in diesem Schritt das angesprochene Nutzersegment beschrieben werden. Es wird also geklärt, ob es um neue Nutzer, Bestandsnutzer oder Nutzer mit bestimmten Attributen gehen soll. Außerdem sollte das Ziel beschrieben werden, also inwiefern sich die Nutzer, indem sie dem Experiment ausgesetzt werden, anders verhalten sollen und warum sie das tun sollen. Im Weiteren wird die ungefähre Dauer des Experiments beschrieben. Grundsätzlich sollte ein Experiment so lange andauern, bis statistische Signifikanz erreicht wird, allerdings möglichst nicht länger als zwei Wochen insgesamt. Experimente, die aufgrund der geringen Nutzerzahlen länger dauern, sind nicht zu empfehlen und das Maximum für diese Tests sollte vier Wochen nicht überschreiten. Zudem wird die Stichprobengröße des Experiments beschrieben.

Es wird außerdem geklärt, ob es möglich ist, dieses Experiment in einer abgegrenzten Umgebung, die unabhängig von der eigenen Produktumgebung ist, laufen zu lassen. Diese Entscheidung erfordert ein tiefes technologisches Verständnis und ist eher im fortgeschrittenen Experiment Zyklus zu erwarten. Außerdem kann hier bereits beschrieben werden, ob das Experiment „Off Brand" laufen soll, was vor allem für große und etablierte Marken wichtig ist, weil die Marke, wenn sie auf einem Element des Experiments erscheint, einen Einfluss auf die Nutzer hat. Steht beispielsweise das Logo von Coca-Cola auf einem Produkt, das so von Coca-Cola noch nicht angeboten wird, dann hat das einen Einfluss auf die Wahrnehmung des neuen Produkts durch den Nutzer. Diese veränderte Wahrnehmung sollte vermieden werden.

Optional kann das Experiment selbst, vor allem zur besseren Dokumentation oder Aufbewahrung der verschiedenen Experimente in eine Experiment Kategorie eingeordnet werden. Setzt man beispielsweise einen Smoke-Test um, kann man dies festhalten und bei der erneuten Anwendung auf die Erkenntnisse der Vergangenheit zurückgreifen. Welche Kategorien von Experimenten es gibt, wird in einem späteren Kapitel ausführlich besprochen. Die Beschreibungen der Umsetzung bzw. des Versuchsaufbaus sind exakt zu formulieren. Hier ein Beispiel für die Beschreibung der Umsetzung:

Unsere Hypothese lautet weiterhin:

- Wir glauben, dass durch einen monetären Anreiz an unsere zufriedenen Nutzer mehr Weiterempfehlungen erfolgen

Hierzu könnte man den Aufbau folgendermaßen beschreiben:

- Um das zu beweisen, schalten wir ein bezahltes Weiterempfehlungsprogramm auf unserer Website

Natürlich stellt man sich bei dieser Beschreibung sofort sehr viele Fragen, was zeigt, wie ungenau diese Formulierung ist. Es wird nicht klar, wo genau dieses Element für den Nutzer sichtbar ist, was genau passiert, wenn der Nutzer auf das neue Element klickt, und was genau er machen muss, um jemanden weiterempfehlen. Eine bessere Formulierung und Beschreibung, die keine Fragen offenlässt, ist die folgende:

- Um das zu beweisen, platzieren wir neben dem Primary CTA auf unserer Website einen Secondary CTA mit dem Text „Jetzt weiterempfehlen (15 €)" und verlinken den Nutzer zu einer Google Form, in der er die E-Mail des Freundes eintragen kann, den er weiterempfehlen möchte

Die zweite Formulierung lässt zwar auch noch ein paar Freiheiten, beantwortet aber zentrale Fragen und lässt für diese Elemente keine Diskussionen mehr zu. Dies ist wichtig, um weiterhin die Kontrolle über die Hypothese zu behalten und sicherzustellen, dass sie auch so ausgeführt wird, wie sie eigentlich bei der Entwicklung gedacht war.

Als dritter Schritt wird im Experiment Dokument geklärt, welche Metriken gemessen werden sollen. Hierbei sollte zwischen quantitativen und qualitativen Metriken unterschieden werden. Während quantitative Metriken wie beispielsweise Conversion Rates oder Dropoff Rates in Prozent angeben, was genau passiert ist und wie sich der Nutzer verhalten hat, geben die qualitativen Metriken wie beispielsweise die Ergebnisse einer Umfrage, eine Analyse aus einem User Interview oder Heatmap-Aufnahmen Aufschluss darüber, warum sich der Nutzer so verhalten hat bzw. warum etwas passiert ist. An dieser Stelle ist es wichtig, möglichst viele Daten zu sammeln, auch wenn sie auf den ersten Blick nicht wichtig erscheinen.

Anhand des Beispiels eines Weiterempfehlungsprogramms soll dies veranschaulicht werden:

Hypothese:

- Wir glauben, dass durch einen monetären Anreiz an unsere zufriedenen Nutzer mehr Weiterempfehlungen erfolgen

Umsetzung:

- Um das zu beweisen, platzieren wir neben dem Primary CTA auf unserer Website einen Secondary CTA mit dem Text „Jetzt weiterempfehlen (15 €)" und verlinken den Nutzer zu einer Google Form, in der er die E-Mail des Freundes eintragen kann, den er weiterempfehlen möchte

Messung:

• Anzahl an eingetragenen E-Mail-Adressen

Diese Metrik ist problematisch, denn sie steht nicht im Verhältnis zurzeit oder den Nutzern, die auf den CTA geklickt haben. Würde beispielsweise in dieser Zeit eine neue Marketingkampagne aktiviert werden, die sehr viele Nutzer auf die Website bringen würde, dann kämen sicherlich auch mehr E-Mail-Adressen-Eintragungen zustande, aber diese absoluten Zahlen könnten nicht mehr mit der Website ohne die Marketingkampagne verglichen werden. Daher lohnt es sich immer, die Metriken in Abhängigkeit von Zeit und Nutzern anzugeben. Außerdem wurden zahlreiche weitere Metriken vergessen. Besser sollte die Messung folgende Werte enthalten:
Messung:

• Anzahl an eingetragenen E-Mail-Adressen
• Anzahl an eingetragenen E-Mail-Adressen pro CTA-Klick
• Website zu Secondary CTA Conversion
• Daten aus der Heat-Map-Messung
• Anzahl an Nutzeranfragen zu diesem Thema

Diese Kennzahlen zeigen viel besser, wie sehr das neue Element auf der Website vom Nutzer angenommen wird, ob er nur neugierig ist oder den gesamten Weiterempfehlungsprozess durchgeht.

Im letzten Schritt werden die Erfolgsmetriken geklärt. Dieser Schritt ist sehr schwierig, gerade wenn ein neues Element ausgetestet wird. Üblicherweise wird dieses Kriterium formuliert mit dem Satz „Wir haben recht, wenn …" und dann eine quantitative Zahl eingefügt. Um einen Ansatzpunkt zu haben, kann es manchmal helfen, die Opportunitätskosten des Experiments zu berechnen oder sich zu fragen, ob es irgendwelche Anforderungen seitens des Geschäftsmodells gibt, oder man vergleicht das Ergebnis der Conversion mit den üblichen Kosten für das Unternehmen. Hierbei ist statistische Signifikanz zu beachten.

Ein Beispiel für die Entwicklung von Erfolgsfaktoren im Fall eines Weiterempfehlungsprogramms:

• Customer Acquisition Costs für neue Nutzer sind ähnlich oder billiger als Google Ads

Weil es in diesem Fall letztlich darum, geht neue Nutzer zu gewinnen, sollte die Weiterempfehlung auf Basis der Kosten mit den bereits existierenden Akquisitionskanälen verglichen werden. Ein Erfolgskriterium könnte sein, dass die Akquisitionskosten durch Weiterempfehlung gleich oder geringer als Google Ads sind. Hierdurch wird letztlich überprüft, ob das Weiterempfehlungsprogramm für das Unternehmen sinnvoll ist. Nur wenn alle Kosten miteinbezogen und diese Kosten dann mit den Kosten von anderen Akquisitionskanälen verglichen werden, kann eine sinnvolle Erfolgsmetrik definiert werden.

Auf diese Weise wurde nun ein vollständiges Experiment Dokument angelegt. Optional ist es noch möglich, Blocker in das Experiment Dokument mit aufzunehmen. Diese können beschreiben, dass nicht genügend Ressourcen vorhanden sind, das vorhandene Tracking womöglich verhindert, dass aus dem Experiment klare Schlüsse abgeleitet werden können oder dass rechtliche und ethische Bedenken bei der Durchführung des Experiments bestehen. Zwar müssen derartige Blocker nicht immer dazu führen, dass das Experiment abgebrochen oder gar nicht erst gestartet wird. Jedoch ist es wesentlich besser eine bewusste Entscheidung zu treffen, die mit einem bestimmten Risiko behaftet ist als diese Bedenken gar nicht erst festzuhalten.

Nachdem das Experiment Dokument angelegt worden ist, sind zwei weitere Schritte zu beachten. In einem ersten Schritt sollte das Experiment so gut es geht nach dem Prinzip „Show, don't tell" abgebildet werden. Eine grobe Skizze, wie das fertige Experiment aussehen soll reicht aus, damit alle Beteiligten wirklich genau verstanden haben, wie das Experiment ablaufen soll und was zu tun ist. Erfahrungsgemäß offenbart sich an dieser Stelle, dass Teammitglieder das Experiment teilweise unterschiedlich aufgefasst haben, und es ergeben sich erneut wichtige Diskussionen. Dabei kann die Skizze angepasst und verfeinert werden. Die Skizze sollte ebenfalls in das Dokument eingefügt werden.

Wenn dies geklärt ist, sollte noch eine Liste mit den einzelnen nötigen Schritten erstellt werden, um festzuhalten, was jedes Teammitglied zu tun hat. Im Falle unseres Weiterempfehlungsprogramms könnte dies beispielsweise folgendermaßen aussehen:

- Bereitstellung des Designs für den Secondary CTA
- Einfügen des Secondary CTA auf die Website
- Erstellung eines Google Forms für die E-Mail-Eintragung

Es sollte nicht nur die Aufgabe dokumentiert werden, sondern darüber hinaus, welcher Mitarbeiter dafür zuständig ist und bis wann er diese Aufgabe erledigt haben muss. Gerade bei komplexeren Experimenten, die beispielsweise auch von mehreren Entwicklern unterstützt werden müssen, sind derartige Auflistungen sehr wichtig und sollten im Rahmen von täglichen Besprechungen auch immer wieder als Anhaltspunkte für Aufgaben dienen.

Hierbei ist auch noch ein weiteres wichtiges Prinzip hervorzuheben. Es gilt auch hier, ein Minimum Viable Experiment zu erzeugen (Rothmann 2017). Das heißt, alle Experimente sollten in kleinere Teile zerlegt und einzeln getestet werden. Wenn sie in kleinerem Rahmen Erfolg haben, können sie einfach skaliert werden. Ein Beispiel wäre, dass angenommen wird, dass höheres Vertrauen auf der Website zu mehr Nutzer-Registrierungen führt. Hierfür könnten Video-Testimonials von Nutzern gedreht und diese auf der Website hinzugefügt werden. Dies ist allerdings etwas aufwendig, denn Videos zu drehen erfordert mit gewissen Qualitätsansprüchen enorm viel Zeit und die Arbeit von mehreren Mitarbeitern. Stattdessen könnte in einem ersten Schritt nur ein schriftliches Testimonial eingefügt und überprüft werden, ob es Auswirkungen auf die Nutzer-Registrierung hat. Falls dem so ist und dies eindeutig nachgewiesen werden kann, kann in einem nächsten Schritt auch an Video-Testimonials gedacht werden.

8.3 Der Sprint

Weil viele Unternehmen Scrum oder zumindest Scrum-ähnliche Abläufe in ihrem Produktentwicklungsprozess nutzen, ist es sinnvoll, eine ähnliche Systematik auch für das Experimentieren zu nutzen. Im Folgenden wird daher ein Experimentation Sprint vorgeschlagen, der allerdings individuell angepasst werden kann (siehe Abb. 8.2).

Zunächst einmal sollte ein bestimmter Zeitraum für den Sprint definiert werden. Empfehlenswert ist ein Zeitraum von zwei Wochen. Für jeden Sprint sind drei wichtige Meetings zu planen. Das erste Meeting, das am Tag vor dem Start des Sprints stattfindet, ist das Planungsmeeting. In diesem Meeting werden die Ideen gesammelt, priorisiert und die Experiment Dokumente erstellt. Ziel ist es dabei, die Experimente auszuwählen, die am nächsten Tag gestartet werden und auch schon die Aufgaben an die verschiedenen Teammitglieder zu verteilen. Bei diesem Meeting sind alle Mitglieder des Experimentation Teams versammelt und es wird grundsätzlich nötig sein, das Backlog während des Meetings anzupassen.

Während des Sprints werden jeden Morgen Sprint Stand-ups abgehalten. Hier gilt als Grundregel, dass diese Stand-ups möglichst im Stehen abgehalten werden sollen, um sie kurz zu halten. Jedes einzelne Teammitglied gibt in diesem Meeting ein Update zu seinen Aufgaben in einer festgelegten Struktur. Zunächst erklärt es, an was es gestern gearbeitet hat, dann, an was es heute arbeitet und zuletzt, ob irgendetwas das Teammitglied von der Arbeit abhält. Hier geht es nicht darum, möglichst viele Themen zu nennen, sondern nur die Dinge zu erwähnen, die für das gesamte Team und die anstehenden Experimente relevant sind. Idealerweise werden im Rahmen dieses Meetings die zuvor angelegten Listen mit Aufgaben genutzt.

Nach einem Sprint erfolgt jeweils eine Retrospektive, in der über den vergangenen Sprint reflektiert wird. Wie bereits beschrieben, können hier verschiedene Methoden angewandt werden. Entscheidend ist, dass alle Mitglieder zu diesem Meeting beitragen und ein wirklicher Safe Space erschaffen wird, um Ideen zu teilen und über mögliche Blocker, auch aus der Organisation selbst, zu sprechen. Aufgaben, die aus dieser Retrospektive heraus definiert werden, werden einem Teammitglied zugeteilt, und die Ausführung der Aufgaben wird in der nächsten Retrospektive vor dem regulären Ablauf angesprochen.

Mitunter wird auch betont, dass es wichtig ist, einen Idea Owner für den Experimentation Sprint zu benennen, angelehnt an den Product Owner in der Scrum-Methodologie. Denn nur der Idea Owner habe die Hypothese des Experiments vollumfänglich verstanden und könne daher das Experiment am besten treiben. Diese Vorgehensweise ist manchmal

Planung des Sprints	Stand-Up	Stand-Up	Stand-Up	Stand-Up	Stand-Up	Stand-Up	Stand-Up	Stand-Up	Stand-Up	Stand-Up	Retrospektive
	Montag	Dienstag	Mittwoch	Donnerstag	Freitag	Montag	Dienstag	Mittwoch	Donnerstag	Freitag	

Abb. 8.2 Sprint-Ablauf

sinnvoll, allerdings sollte der für Experimente zuständige Produktmanager idealerweise zentral an den Experimenten beteiligt sein oder den Idea Owner zumindest prozessual stark unterstützen, um keine Engpässe zu erzeugen. Insbesondere in der frühen Phase des Experimentierens sollten nicht zu viele unterschiedliche Zuständigkeiten geschaffen werden und möglichst viele Aufgaben und Zuständigkeiten in die Hände eines einzelnen Teammitglieds gegeben werden. Später, insbesondere wenn es mehrere Teams gibt, können einzelne Aufgaben granularer verteilt werden.

Die strenge Festlegung der Prozesse des Experimentierens hat einige Vorteile, die hier kurz erwähnt werden sollen. Zunächst einmal schafft dies für das Team rund um die Experimente einen gewissen Rhythmus, der es ermöglicht, eine Routine zu entwickeln und einzelne Schritte besser als abgeschlossene Abschnitte zu erkennen. Dadurch kann das Team aus möglichen Fehlern lernen und diese bei der nächsten Wiederholung vermeiden. In den verschiedenen Meetings können Dinge reflektiert und hinterfragt werden, damit die Effizienz ständig erhöht werden kann. Insbesondere die Planungs- und Retrospektive-Phasen ermöglichen es, alle zwei Wochen aus den Erfahrungen neue Erkenntnisse zu gewinnen und für die Arbeit der folgenden Wochen zu verbessern.

Wie bereits erwähnt, kann der Prozess und auch die einzelnen Elemente des Prozesses angepasst werden und auf diese Weise verbessert. Der Prozess verleiht dem Team auch eine gewisse Autonomie. Sie entwickeln eine eigene Dynamik und passen diese unabhängig vom Rest der Organisation an. Sie sind dabei nicht auf andere Teams angewiesen. Zuletzt ist es wichtig, dass mit dem Prozess auch eine gewisse Verantwortung übertragen wird. Der Prozess muss nicht von Beginn an perfekt sein, doch anhand von Programmmetriken werden Erwartungen an die Verbesserung des Prozesses gestellt, und auch Mitglieder, die nicht direkt am Prozess beteiligt sind, bekommen eine Idee von der Weiterentwicklung dieses Prozesses.

Des Weiteren ist es von Vorteil, während des laufenden Prozesses neue Erkenntnisse, vor allem prozessual und damit den Ablauf des Experiments betreffend, in Form eines Guides festzuhalten. Beispielsweise können Experimente auf der Webseite mitunter sehr häufig vorkommen und erfordern zu einem gewissen Grad immer dasselbe Vorgehen. Hier sicherzustellen, dass die neuen Elemente immer gleich benannt sind und das Tracking der Metriken erfolgt, ist wichtig und sollte von den Teammitgliedern niedergeschrieben werden, sodass auch später Teams von den gemachten Erfahrungen profitieren.

Vor allem eignen sich Checklisten zur Fehlervermeidung. Dies wird von dem Chirurgen Atul Gawande in seinem Buch „Checklist Manifesto" beschrieben (Gawande 2011). Insbesondere die Luftfahrt- und Bauindustrie benutzen Checklisten, um einen Automatismus zu entwickeln und bekannte Fehler zu vermeiden. Dies ist genauso anwendbar für Experimente. So könnte man beispielsweise vor dem Start eines Experiments eine Checkliste anlegen, die immer wieder erweitert wird und die sicherstellt, dass gewisse Standards eingehalten werden. Diese können genauso für verschiedene Kanäle wie zum Beispiel E-Mails verwendet werden oder für das Ausmessen von Experimenten.

Empfehlenswert ist darüber hinaus, für das laufende Experiment immer auch Warnungen für bestimmte Metriken einzubauen, die dem Experiment Team anzeigen, dass ein bestimmtes Experiment Werte erreicht hat, die so nicht erwartet wurden. Eine Automatisierung dieser Warnungen ist hier zielführend und dass idealerweise die Teammitglieder über das gängige Kommunikationstool (z. B. Slack) über die Überschreitung bestimmter Werte informiert werden.

Literatur

Gawande A (2011) Checklist manifesto: how to get things right. Picador Paper, London
Rothmann J (2017) Thinking about minimum viable experiments. https://dzone.com/articles/thinking-about-minimum-viable-experiments. Zugegriffen am 22.10.2021
Roy S (2020) The 4L retrospective technique for actionable feedback. https://conceptboard.com/blog/4l-retrospective-technique/. Zugegriffen am 22.10.2021

Die Nachbesprechung

9

9.1 Die Analyse

Die Analyse eines Experiments wird oft als die wichtigste und schwierigste Phase im gesamten Prozess bezeichnet. Es geht schließlich darum zu bewerten, ob das Experiment erfolgreich war oder nicht, was häufig wirklich nicht einfach ist. Zusätzlich werden in dieser letzten Phase des Prozesses die Erkenntnisse auf der Basis des durchgeführten Experiments sichergestellt und ausgewertet.

Zunächst einmal sollten die Auswirkungen des Experiments aufgelistet werden. Entscheidend ist, alle Varianten des durchgeführten Experiments der bestehenden Produktversion gegenüberzustellen und die relevanten Metriken aufzuführen. Dies lässt einen objektiven Vergleich der Ergebnisse des Experiments zu.

Anschließend werden die Ergebnisse mit den Erwartungen und Erfolgskriterien verglichen, die im Experiment Dokument aufgeführt wurden. Es wird also dargelegt, wie nahe das Experiment den Annahmen des Teams gekommen ist.

Die wichtigste Frage, die nun innerhalb des direkt am Experiment beteiligten Teams diskutiert werden muss, ist, warum das Experiment zu diesem Ergebnis kam. Deren Diskussion und Beantwortung führt dazu, dass neue Ideen diskutiert werden und man sich mehr Gedanken über die verwendeten Kanäle, angesprochenen Nutzer und Methoden des Experiments macht. Diese Vorgehensweise hat also auch Auswirkungen darauf, welche Experimente als Nächstes implementiert werden. Wird die genaue Bedeutung der Auswirkungen eines Experiments nicht ausführlich besprochen, dann kann es dazu kommen, dass das Team schlicht blind experimentiert, ohne sich wirklich weiterzuentwickeln, und lediglich systematisch aus den Erkenntnissen das Produkt und die Experimente weiterentwickelt. Natürlich ist es auch an diesem Punkt entscheidend, dass genau diese Diskussionen und geteilten Annahmen des Teams festgehalten werden. Die Diskussion und Spekulation

© Der/die Autor(en), exklusiv lizenziert an Springer-Verlag GmbH, DE, ein Teil von Springer Nature 2022
N. Stotz, *Experimentelle Produktentwicklung*,
https://doi.org/10.1007/978-3-662-65467-5_9

über das Nutzerverhalten hilft dabei, besser zu verstehen, wie sich die Erfahrung für den Nutzer verändert, und ist daher ein wichtiges Element für das diesbezügliche bessere Verständnis

Die im Rahmen der Analyse ausgewerteten Erfolgskriterien können sehr vielfältig sein. Entscheidend ist, dass die Metriken auf eine Weise definiert werden, die sie einer zeitlichen oder nutzerspezifischen Einheit gegenüberstellen. Diese sollten dann zwischen den verschiedenen Varianten, die im Rahmen des Experiments getestet wurden, veranschaulicht werden. Gerade hier hat das Team viele Möglichkeiten, die Ergebnisse visuell prägnant für alle Teammitglieder aufzubereiten. Idealerweise werden die bestehende Version schematisch dargestellt und gleich daneben die neue Version, mit der experimentiert wurde, und die entsprechenden Metriken gegenübergestellt.

Abseits von den Erfolgskriterien sollte jedoch darauf geachtet werden, immer auch die programmspezifischen Metriken nach einem Sprint aufzuführen und zu kommentieren. Vor allem das Management ist daran interessiert, wie viele Experimente in einem Sprint durchgeführt wurden und wie viele davon zu einem überzeugenden und verlässlichen Ergebnis kommen. Dies sollte idealerweise den Ergebnissen aus dem letzten Sprint und einem Durchschnitt aus dem gesamten Sprint gegenübergestellt werden. Auch diese Werte sind in einer prägnanten Weise darzustellen und mit Kontext zu versehen, um jedem einen Einblick in teamspezifischen Metriken zu geben.

An dieser Stelle sei noch erwähnt, dass es zwei grundlegende Fehler bei der Bewertung von Erfolgskriterien von Experimenten gibt, die immer wieder auftreten, die es aber zu vermeiden gilt. Erstens wird oft eine Verbesserung der Zielmetriken für einige Tage behauptet, obwohl es eigentlich keine Veränderung gibt. Dies ist ein statistischer Fehler des Typs I und hängt mit der fehlenden statistischen Signifikanz des p-Werts zusammen. In einem späteren Kapitel wird dieser Wert genauer besprochen, an dieser Stelle könnte man sagen, dass der p-Wert beschreibt, wie falsch man in einer Beobachtung liegt. Ist er hoch, so liegt man sehr falsch, ist er niedrig, dann liegt man eher richtig. Üblicherweise wird ein p-Wert unter 0.05 gefordert und man spricht dann von einer 95 %igen statistischen Signifikanz.

Der zweite Fehler verhält sich genau umgekehrt. Denn hier scheint man keinerlei Verbesserung durch das Experiment zu beobachten, obwohl es eigentlich eine Verbesserung gibt. Hier spricht man von einem statistischen Fehler des Typs II. Ähnlich wie bei dem zuvor beschriebenen Fehler gibt es auch für den Fehler des Typs II eine relevante Metrik. Diese wird als statistische Power oder statistische Güte des Tests bezeichnet, auch diese Metrik wird in einem folgenden Kapitel besprochen. So viel an dieser Stelle: Die statistische Power sollte für alle Tests bei mindestens 80 % liegen.

9.2 Die Präsentation

Die Analyse gestaltet sich bei manchen Experimenten sehr aufwendig, ist aber noch nicht der letzte Schritt für das Experiment. In der gesamten zweiten Sektion dieses Buches wurde immer wieder betont, wie wichtig die Kultur und das Verständnis durch die Organisation für ein sinnvolles Experimentieren ist. An dieser Stelle hat nun das Team die Möglichkeit darzustellen, warum das Experimentieren wirklich weitergeholfen hat, und dementsprechend wichtig ist auch diese Arbeit. Im Kern geht es dabei darum zu erklären, was das Team und die Organisation durch ein erfolgreiches oder nicht erfolgreiches Experiment über die Nutzer, Kanäle oder das Produkt gelernt haben und wie diese Erkenntnisse genutzt werden können. Es wird nachfolgend beschrieben, was hierbei dargestellt werden muss und in welcher Form.

Zunächst sollte noch einmal der Grund für das Experiment geschildert werden, also warum hat es Sinn gemacht, dieses Experiment zu starten und was die Ausgangshypothese des Experiments war. Weiter sollten noch zusätzliche Details angegeben werden, wie beispielsweise die Anzahl an Test-Varianten, eine kurze Beschreibung der Unterschiede, wann der Test gestartet wurde und wie viele Nutzer die verschiedenen Varianten gesehen haben. Anschließend werden die Resultate, idealerweise in Form von Conversion-Raten, gegenübergestellt. Es bietet sich hier an, die Verbesserung oder Verschlechterung mittels der im Experiment genutzten Variante auch in prozentualer Form darzustellen, also um wie viel Prozent das Experiment das bestehende Produkt verbessert oder verschlechtert hat. Ganz besonders interessant kann es sein, diese Verbesserung tatsächlich auch als monetäre Auswirkung darzustellen, statt also nur die prozentuale Verbesserung anzugeben, kann zusätzlich noch gezeigt werden, um wie viel Euro sich der Umsatz des Unternehmens bei der Implementierung des Experiments erhöhen würde. Wird dieser monetäre Wert auf jährlicher Basis angegeben, kann vermittelt werden, dass selbst kleinste prozentuale Auswirkungen mitunter entscheidende Einnahmen für das Unternehmen sicherstellen können. Natürlich sollten an dieser Stelle auch statistische Werte, wie die statistische Signifikanz oder die statistische Güte, berichtet werden.

Im Anschluss daran sollte erklärt werden, welche Erkenntnisse aus dem Experiment gewonnen wurden. Dabei ist jedoch nicht wichtig, ob das Experiment erfolgreich war oder nicht. Viel wichtiger ist, dass durch die Präsentation eine Geschichte über das Verständnis der Nutzer erzählt wird. Man beginnt also zunächst mit einer Annahme, wie die Nutzer reagieren würden, und testet diese Annahme aus, anschließend erfährt man, dass die Nutzer anders reagieren als erwartet und nimmt diese Erkenntnisse wiederum auf, um neue Experimente und Fragestellungen daraus abzuleiten. In einem nächsten Schritt wird dann erläutert, was sich daraus ergibt und wie sich diese Erkenntnisse auf nachfolgende Experimente auswirken.

Es ist zudem darauf zu achten, auf welche Art und Weise diese Erkenntnisse mit der Organisation geteilt werden. Zunächst ist zu unterscheiden, welche Adressaten es innerhalb des Unternehmens gibt. Es gibt die direkt am Experiment beteiligten Teams, die grundsätzlich häufig über die Ergebnisse der Experimente informiert werden sollten, was auch mehr oder weniger automatisch durch ihre Beteiligung erfolgt. Zusätzlich gibt es noch die generelle Organisation, die durchaus auch auf dem Laufenden gehalten werden sollte, um ein allgemeines Verständnis für die Experimente zu erzeugen. Hierbei ist, wie bereits erwähnt, vor allem die Art der Darstellung entscheidend. Das Team kann damit zeigen und vorleben, welche Denkweise beim Experimentieren an den Tag gelegt werden muss. Es geht darum, bestehende Dinge infrage zu stellen und systematisch zu versuchen, den Nutzer besser zu verstehen. Dieser Ansatz kann besonders anschaulich in einer erzählerischen Weise der gesamten Organisation vermittelt werden, wobei die Mitglieder des Managements mit entscheidend sind. Viel wichtiger sind für diese Zahlen und Metriken, die den Fortschritt der Experimente an sich zeigen. Beispielsweise könnte gezeigt werden, dass im ersten Monat nur fünf Experimente stattfanden und im dritten Monat bereits 15. Diese Darstellung ist wichtig, um das Vertrauen des Managements mithilfe von harten Fakten aufzubauen und zu stärken. Idealerweise sollte dem Management im Rahmen von spezifischen Berichten, etwa alle drei Monate, ein ausführlicher Überblick über die Entwicklung des Experiment Programms gegeben werden.

Für die Formen eignen sich mehrere Arten, die teilweise von der Organisation des Unternehmens abhängen. Üblicherweise wird in Unternehmen mit internen Kommunikationstools wie beispielsweise Slack oder Teams gearbeitet. Hier kann man einen speziell für Experimente gedachten Kanal erstellen und regelmäßig Mitarbeiter einladen. Dort werden dann alle Meilensteine einzelner Experimente geteilt und insbesondere die abgeschlossenen Experimente. Ergibt sich die Möglichkeit, so könnte man auch an einer Automatisierung arbeiten, die regelmäßig, wenn ein Experiment gestartet wurde oder abgeschlossen wurde, eine Benachrichtigung in den Kanal sendet. Eine Alternative dazu wäre, einen Report per E-Mail mit der gesamten Organisation zu teilen. Welche Vorgehensweise angebracht ist, richtet sich nach den Präferenzen der jeweiligen Unternehmen. Die Darstellung im gängigen Kommunikationstool hat jedenfalls den Vorteil, dass es immer möglich ist, Fragen zu den durchgeführten Experimenten zu stellen und Diskussionen über die Ergebnisse mitunter auch für jedes Teammitglied einsehbar zu führen.

Besonders geeignet für die Darstellung von Experimenten bzw. für einen gesamten Experiment Sprint sind Präsentationen (siehe Abb. 9.1). Hier gibt es zahlreiche Vorlagen, die alle Kernpunkte anschaulich darstellen und es ermöglichen, eine Geschichte rund um den jeweiligen Sprint zu erzählen. Ähnlich vorteilhaft ist auch die Erstellung eines One-Pagers, um besonders schnell einen Überblick über ein ausgeführtes Experiment zu geben, ohne den Beteiligten mit zu viel Kontext das Interesse zu nehmen. Die Auswahl eines geeigneten Formats mag trivial erscheinen, ist aber entscheidend, denn letztlich gilt es, die Ergebnisse aus den Experimenten auch intelligent zu archivieren und sie prägnant und unmissverständlich für Teammitglieder, die nicht daran beteiligt waren, aufzubereiten.

Eine besondere Ausführung ist beispielsweise das sogenannte Failboard von Growth Tribe. Es handelt sich dabei um ein physisches, beschriftbares Whiteboard, auf dem alle Experimente festgehalten werden, die nicht erfolgreich waren bzw. nicht den Erfolgskriterien entsprachen. Dies hat zum einen den Effekt, dass die Kultur gefördert wird, auch

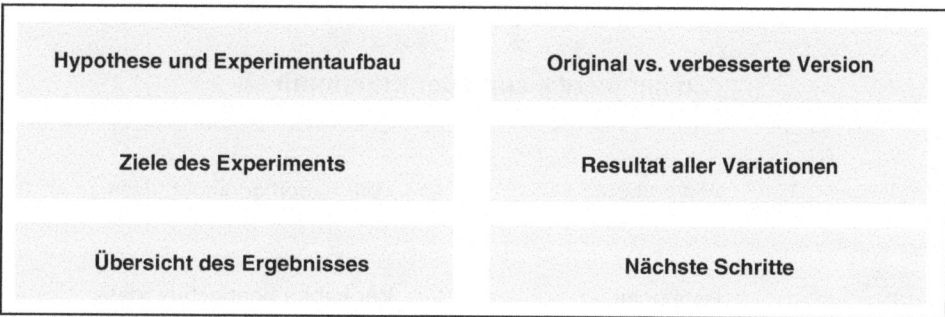

Hypothese und Experimentaufbau	Original vs. verbesserte Version
Ziele des Experiments	Resultat aller Variationen
Übersicht des Ergebnisses	Nächste Schritte

Abb. 9.1 Inhalte einer Präsentation

über nicht gelungene Dinge zu sprechen, und zum anderen, dass die Kultur der Experimente für alle sichtbar immer öffentlich dargestellt ist. Eine weitere besondere Ausführung ist die Aufbereitung der American Medical Association. Hier hat das Experiment Team einen internen Wordpress Blog angelegt, auf dem regelmäßig über die neuen Experimente berichtet wird und die Erkenntnisse interpretiert werden. Auch diese Teams haben also erkannt, wie wichtig es ist, eine hohe Transparenz des Experimentierens zu fordern und auch vorzuleben.

9.3 Nächste Schritte

Oft wird auch vorgeschlagen, zusätzlich zu den beschriebenen Dokumenten ein sogenanntes Learning Dokument zu erstellen, in dem all die oben aufgeführten Resultate erneut zusammengefasst werden (siehe Abb. 9.2). Dies ist allerdings nicht unbedingt nötig, wenn die obige Dokumentation ausführlich genug ist und in einem Format vorliegt, das sich zur dauerhaften Dokumentation eignet. Viel wichtiger ist allerdings, dass ein System angelegt wird, über das auf Erkenntnisse aus vergangenen Experimenten zugegriffen werden kann. Hierfür eignet sich insbesondere eine auf Tags basierende Organisation an einem zentralen Ablageort mit Zugriff für das gesamte Unternehmen.

Für Brian Balfour folgt nach der Ausführung und Analyse der Experimente die Systematisierung der Ergebnisse aus diesen Experimenten (Balfour 2014). Diese Vorgehensweise ist sinnvoll, denn es ergeben sich grundsätzlich einige verschiedene nächste Schritte aus abgeschlossenen Experimenten. Erstens könnte aus einem Experiment das eindeutige Ergebnis resultieren, dass eine bestimmte Veränderung im Produkt zu einem positiven Effekt für das Unternehmen führt. Dann könnte in einem nächsten Schritt das Experiment vollständig in das Produkt eingebaut werden, um diesen Effekt kontinuierlich zu nutzen. Zweitens ist es möglich, sowohl die gelernten Abläufe als auch die Interpretationen in Bezug auf das Verhalten der Nutzer und Kanäle zu beschreiben und hierfür Dokumente zu erstellen als Grundlage dafür, dass ein Experiment in einer ähnlichen Art schneller wieder ausgeführt werden kann. Dies kann beispielsweise hilfreich sein, wenn nicht klar ist,

Zusammenfassung der Erkenntnisse		
1	Hypothese	Wir haben geglaubt, dass ...
2	Beobachtung	Wir haben beobachtet, dass ...
3	Erkenntnisse	Daraus haben wir gelernt, dass ...
4	Nächste Schritte	Deshalb werden wir ...

Abb. 9.2 Dokumentation des fertigen Experiments

welches Tool für ein Experiment genutzt werden soll und wie man dieses bedient. Ebenso sinnvoll ist es, bei einem wachsenden Team all diese Abläufe zu dokumentieren und diese schneller in das Team zu integrieren.

Bei Experimenten, die nicht erfolgreich sind oder die es nicht zulassen, ein klares Ergebnis abzuleiten, könnte man entweder fragen, warum das Experiment so nicht funktioniert hat. Häufig ist dies der Fall, wenn es zu wenige Nutzer gibt, die das Produkt nutzen und für das Experiment relevant sind. Außerdem wurden häufig keine qualitativen Daten erhoben, die zumindest eine gewisse Interpretation zulassen. Das Experiment kann zudem mit den gelernten Herausforderungen noch einmal gestartet werden mit verbesserter Methodik und Ausführung. In diesem Fall sollte aber die Wiederholung des Experiments in die normale Priorisierungssystematik aller anderen Experimente eingebracht werden. Das heißt, wenn ein Experiment nach dem Abschluss eines Sprints nicht eindeutig ist, dann kann daraus ein neues Experiment abgeleitet werden, das mögliche Fehler, die beim ersten Versuch eingebaut wurden, vermeidet. Allerdings sollte dieses Experiment dann genau wie ein neues Experiment behandelt werden und in direkter Konkurrenz mit allen anderen Experimenten stehen. Erfahrungsgemäß werden gerade zu Beginn einige Fehler gemacht, die dazu führen, dass sich keine eindeutigen Erkenntnisse aus dem Experiment ableiten lassen. Vor allem ein nicht funktionierendes oder fehlerhaftes Tracking kann zu uneindeutigen Ergebnissen führen. Falls es sich dabei um kleinere Verbesserungen handelt, dann sollten diese gerade zu Beginn des Experimentierens auch berücksichtigt werden, um zu zeigen, dass man aus den frühen Fehlern sehr schnell gelernt hat.

9.4   Zusätzliche Aspekte

Die Ausführung eines Experiments und die nachfolgende Interpretation haben oft Veränderungen im bestehenden Produkt zur Folge. Hierbei sind einige Besonderheiten, die regelmäßig im Nachgang um das Experiment auftreten, zu beachten, die kurz erklärt werden
sollten.

Einerseits kommt es häufig vor, dass nach einem Experiment oder einer Folge von Experimenten die Entscheidung getroffen wird, einen Teil des Produkts oder ein Feature
einzustellen, weil es nicht effektiv ist. Dies kann entweder passieren, wenn durch das
Experiment selbst ein Feature eingebaut wurde oder wenn durch ein Experiment festgestellt wurde, dass ein bestehendes Feature nicht sinnvoll für das Produkt ist. Ein Feature
einfach aus dem Produkt zu nehmen und nicht mehr zu verwenden, kann mit erheblichen
Diskussionen verbunden sein, und es erfordert sehr viel Kommunikation, um dies allen
Beteiligten zu vermitteln.

> **Unshipping**
>
> Ein Beispiel für ein solches *Unshipping* ist das *Remote Control Feature* von Slack, das
> es ursprünglich bis zu 15 verschiedenen Nutzern erlaubt hat, den geteilten Bildschirm
> eines anderen Nutzers zu steuern und so eine bessere Kollaboration zu ermöglichen
> (Neil Rahilly et al. 2020). Slack hat den Schritt, dieses Feature letztlich aus dem Pro-
> dukt zu entfernen, damit begründet, dass zum einen sehr wenige Nutzer das Feature
> wirklich genutzt haben. Zum anderen war es nicht mit den strategischen Zielen von
> Slack im langfristigen Sinne vereinbar, weil Slack vermutlich eher eine asynchrone
> Kommunikation ermöglichen wollte. Und zuletzt war es auch kostenaufwendig, das
> Feature instand zu halten. ◄

Zu diesen von Slack genannten Gründen kommen noch einige andere. Vor allem der
menschliche oder emotionale Faktor kann hier eine große Rolle spielen. Insbesondere die
Mitarbeiter, die an dem Feature beteiligt waren und vielleicht sogar aus den Daten oder
qualitativen Feedbacks positive Effekte abgeleitet haben, werden protestieren und argu-
mentieren, um das Feature zu behalten. Schließlich lassen sich viele Ergebnisse aus einem
Experiment in verschiedene Richtungen interpretieren. Hier zeigt sich, wie wichtig es ist,
eine einzelne Metrik als Erfolgs-Metrik zu definieren. Außerdem ist ein solches Feature
oft auch Teil der strategischen Ziele eines einzelnen Mitarbeiters oder eines Teams, und
wenn das Feature entfernt wird, besteht die Gefahr, dass diese Ziele nicht mehr erreicht
werden können. Außerdem könnten sich Mitarbeiter so sehr angegriffen fühlen, dass sie
glauben, sie würden dadurch ihren Job verlieren. Diese Gründe erschweren es, über die
Entfernung des Features zu entscheiden.

Es gibt jedoch Wege, um die Entscheidung wieder zu rationalisieren. Insbesondere
sollten alle Gründe, die für und gegen die Abschaffung des Features sprechen, aufgelistet werden und man sollte auch die oben beschriebenen Gefühle der Mitarbeiter mit

einbeziehen. Auf diese Weise distanziert man sich etwas davon und trifft potenziell eine rationale Entscheidung. Den Mitarbeitern, die an dem Feature beteiligt waren, sollte auch erklärt werden, dass ihre Arbeit nicht umsonst war, sondern dass gerade durch dieses Feature das Unternehmen sehr viel gelernt hat. Im gleichen Atemzug sollte ihnen erläutert werden, dass aus der Abschaffung keine Rückschlüsse auf ihre Leistungen erfolgen und die Entfernung des Features nicht bedeutet, dass sie anschließend keine Aufgaben mehr haben werden. Hier besonders behutsam vorzugehen und den Mitarbeitern klarzumachen, in welchem größeren Kontext sie ihre Arbeit sehen sollten, ist nicht einfach, kann aber auch durch eine entsprechende Unternehmenskultur ermöglicht werden.

Außerdem können kognitive Verzerrungen auf solche Entscheidungen einwirken, wie zum Beispiel der Effekt, dass man lieber den Status quo behalten will, anstatt sich auf Veränderungen einzulassen, obwohl dies rational begründet angebracht wäre. Außerdem kann der Sunk-Cost-Effekt auftreten, welcher dazu führt, dass mehr Wert auf vergangene Investments gelegt wird, anstatt sich auf die gegenwärtigen und zukünftigen Kosten und Nutzen zu beziehen, entgegen dem Interesse des Unternehmens. Ähnlich wirkt der Loss-Aversion-Effekt, der besagt, dass lieber vermieden wird, etwas zu verlieren, anstatt etwas zu gewinnen. All diese Verzerrungen können dazu führen, dass rationale Argumente in einer Diskussion mit den anderen Mitarbeitern nicht zur Entfernung des Features führen. Manchmal kann es auch sinnvoll sein, diese Verzerrungen offensiv anzusprechen und darauf aufmerksam zu machen, welche Entscheidungen rein rational angebracht wären.

Jedoch gibt es Möglichkeiten, dass die Betroffenen bzw. Entscheidungsträger nicht sofort entscheiden, sondern erst mit einem gewissen Abstand zur jeweils anstehenden Entscheidung und sie darauf hinzuweisen, eine neutrale Entscheidung zu treffen oder sogar neu eingestellte Mitarbeiter, die vor eine derartige Entscheidung gestellt werden, zu befragen. Wichtig ist dann, die zusätzlichen Möglichkeiten aufzulisten, die eine Entfernung des Features mit sich bringen würde. Mitarbeiter, die sich diesen Verzerrungen entgegenstellen, könnten im Sinne der Unternehmenskultur belohnt werden, um als gutes Beispiel für andere Mitarbeiter zu dienen.

Es werden zudem die Kosten, die durch das Instandhalten des Features anfallen, häufig außer Acht gelassen. Dies muss nicht nur Entwickler-Stunden betreffen, sondern auch andere Abteilungen können Zeit in dieses Feature investieren, die an anderer Stelle verwendet werden kann. Um dem entgegenzuwirken, bietet sich an, die operativen Metriken sehr genau zu dokumentieren und zu verstehen, welche zeitlichen Aufwände das Feature verursacht. Die Entwickler sollten im Besonderen dazu angehalten werden, die „technischen Schulden", die womöglich durch das Feature entstehen, aufzulisten. Grundsätzlich sollte dies alles in die Dokumentation der Instandhaltungskosten eines Features münden als Grundlage für eine bessere Diskussion der Kosten.

Es gibt viele Gründe, warum auf der Basis einer emotionalen oder kognitiv verzerrten Entscheidung eine unternehmerisch und rational fehlerhafte Entscheidung getroffen wird. Die Verzerrungen und Fehlannahmen, die hier aufbereitet wurden, sind nur eine Auswahl. Es sollte stets verdeutlicht werden, dass sowohl die Vorbereitung, die Durchführung als auch die Nachbesprechung des Experiments komplexe und aufwendige Tätigkeiten sind und von allen Beteiligten sehr viel Energie und Zeit erfordern. Erfahrungsgemäß ist es besonders enttäuschend zu erleben, dass ein professionell und korrekt durchgeführtes Experiment im Anschluss nicht anschaulich vorgestellt wird und dadurch die Anerkennung für die gute Durchführung auf der Strecke bleibt. Die gute Darstellung der Experimente, speziell in Form von unternehmensweiten Präsentationen, kann hilfreich das Experimentieren unterstützen und sollte nicht unterschätzt werden.

Literatur

Balfour B (2014) The scientific method: how to design & track viral growth experiments. https://www.youtube.com/watch?v=0APJlxMjPw4. Zugegriffen am 22.10.2021

Rahilly N, Winters C, Mosavat F, Patel K (2020) Upsides to unshipping: the art of removing features and products. https://www.reforge.com/blog?author=6091c84126cb94553600f569. Zugegriffen am 22.10.2021

Teil IV

Methoden und Techniken beim Experimentieren

Diese Sektion erklärt einige relevante Techniken und Frameworks, die üblicherweise bei Experimenten genutzt werden. Zunächst wird ausführlich auf das A/B-Testing eingegangen, das am häufigsten verwendete Mittel, um Hypothesen zu testen. Anschließend wird das Growth Hacking als neue Disziplin beschrieben, die nahe beim Experimentieren selbst angesiedelt ist. Anschließend werden einige Validierungsmöglichkeiten für junge Unternehmen und Innovationen von bestehenden Unternehmen besprochen.

A/B-Testing

10

10.1 Statistische Grundlagen

Dieses Kapitel erhebt nicht den Anspruch, eine Herleitung der statistischen Grundlagen von A/B-Tests oder Experimenten generell zu liefern. Vielmehr soll der Leser in die Lage versetzt werden, das Ergebnis eines A/B-Tests zu interpretieren und zu überprüfen, ob alle notwendigen Kriterien, die für ein erfolgreiches Experiment notwendig sind, erfüllt wurden. Statistik ist die methodische Grundlage für A/B-Tests, das bedeutet aber nicht, dass alle Elemente und üblichen Bezeichnungen aus der Statistik auch beim A/B-Testing aufgeführt werden müssen. Wichtig ist nur, dass die Resultate aus dem Test auch verwertbar sind.

Verschiedene Experten rund um Experimente und A/B-Tests sprechen nicht von A/B-Tests, sondern von randomisierten kontrollierten Studien (RCTs) (Kohavi et al. 2020). Bei diesen beiden Begriffen gibt es im Grunde nur einen sehr kleinen Unterschied. Ein A/B-Test ist nämlich meistens eine randomisierte kontrollierte Studie, denn zumeist wird die Zuordnung, in welche Gruppe die Nutzer kommen, randomisiert und eine Kontrollgruppe wird als Vergleich genutzt. Eine randomisierte kontrollierte Studie muss aber nicht unbedingt ein A/B-Test sein, sondern kann eben auch andere Arten von Tests enthalten, die noch vorgestellt werden. In diesem Kapitel jedoch wird immer von einem A/B-Test ausgegangen, der eine repräsentative Stichprobe von Nutzern zufällig einer von zwei verschiedenen Versionen aussetzt.

Das erste wichtige Konzept ist die Population. Die Population sind alle potenziellen Besucher eines digitalen Produkts. Beispielsweise bei einer Website sind das alle Menschen, für die es möglich ist, diese Website aufzurufen. All diese Menschen nach ihrer Präferenz zu fragen ist nahezu unmöglich, denn es handelt sich um mehrere Milliarden Menschen. Deswegen wird statt der gesamten Population eine Stichprobe dieser Population

N. Stotz, *Experimentelle Produktentwicklung*,
https://doi.org/10.1007/978-3-662-65467-5_10

benutzt. Für einen A/B-Test wären das alle Menschen, die eine Website besuchen, während der Test läuft. Weil diese Stichprobe aber nur eine Teilmenge der Population ist, müssen daran ein paar Anforderungen gestellt werden, damit sie korrekte Ergebnisse produziert. Wie oben beschrieben, muss diese Stichprobe randomisiert sein. Das bedeutet, dass es vollkommen zufällig ist, wer für diese Stichprobe ausgewählt wird. Umso zufälliger diese Zuweisung also erfolgt, desto besser ist es für den A/B-Test. Außerdem muss die Stichprobe repräsentativ sein. All die Menschen, die in der Zeit des Tests nicht auf die Website kommen, sind nicht repräsentiert. Je größer also die Stichprobe, desto besser wird die Population repräsentiert. Nur wenn eine repräsentative Stichprobe vorliegt, kann von der Stichprobe auch auf die Population geschlossen werden.

Eine weitere wichtige Metrik ist der Lift (siehe Abb. 10.1). Diese Metrik gibt an, um wie viel Prozent sich eine Zielmetrik des Tests durch eine neue Variante verbessert hat. Es wird also Variante A mit Variante B verglichen und auf Basis der Conversion eine Prozentzahl angegeben, um wie viel die neue Variante die alte Variante verbessert. Diese Metrik wird in viele A/B-Tests angegeben. Werden beispielsweise zwei verschiedene Webseiten mit dem Ziel, dass der Nutzer sich registriert, miteinander verglichen und bei Version A registrieren sich 4 %, während sich bei Version B 6 % registrieren, dann ergibt sich hierbei ein Lift von 2 %.

Das am häufigsten diskutierte Konzept bei A/B-Tests ist sicher die statistische Signifikanz. Es wird teils auch einfach nur von Konfidenz oder von Signifikanz gesprochen, gemeint ist dabei das Gleiche, denn bei all diesen Begriffen geht es um die Interpretation der Resultate des A/B-Tests. Statistische Signifikanz drückt aus, wie wahrscheinlich es ist,

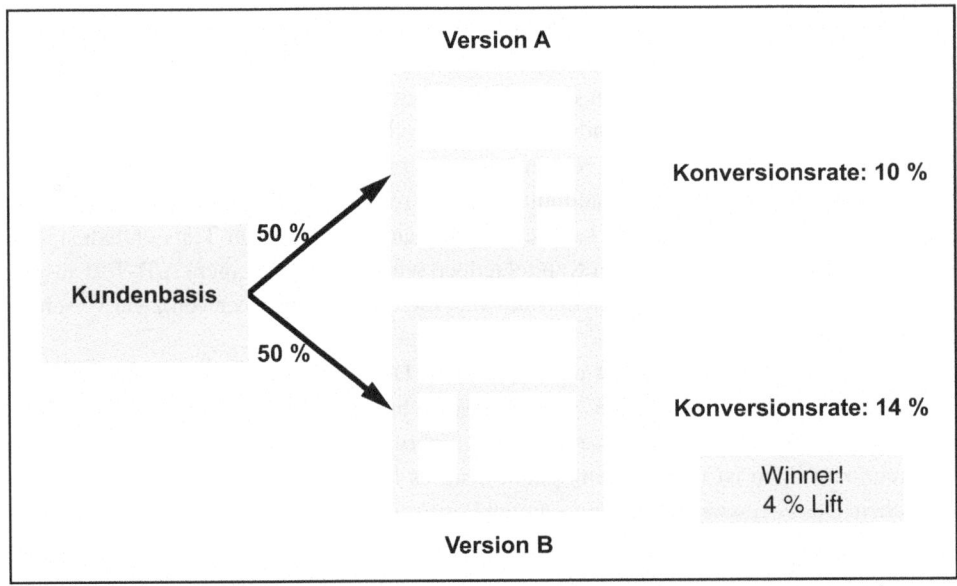

Abb. 10.1   Ablauf eines A/B-Tests

dass die gleichen Ergebnisse entstehen würden, wenn man den Test wiederholt (Resnik 2019). Oft wird von einem A/B-Test eine statistische Signifikanz von 95 % gefordert. Dies würde bedeuten, dass der A/B-Test wiederholt werden könnte und die Wahrscheinlichkeit, dass er zu den gleichen Ergebnissen führt, bei 95 % läge. Das heißt, dass dieser Test kein absolut korrektes Ergebnis enthält, sondern vielmehr, dass er meistens das richtige Ergebnis enthält, aber manchmal eben auch nicht. Niedrige statistische Signifikanz bedeutet also, dass man sich vermutlich eher nicht auf den Gewinner verlassen kann, und hohe statistische Signifikanz bedeutet, dass der Gewinner aus dem A/B-Test sehr wahrscheinlich auch die tatsächlich bessere Variante ist.

Die statistische Signifikanz schwankt im Laufe des A/B-Tests. Je mehr Nutzer jedoch als Stichprobe in den Test gelangen, desto weniger fluktuiert dieser Wert. Die Fluktuation beruht also auf der Anzahl an Nutzern, die in diesen Test gelangen. Dies gilt natürlich sowohl für die statistische Signifikanz als auch für die Conversion selbst. Der Wert, der häufig für die statistische Signifikanz verwendet wird, ist der sogenannte p-Wert. Aus diesem kann also eine gewisse Wahrscheinlichkeit abgelesen werden, dass der richtige Gewinner mit dem A/B-Test ermittelt wurde. Dieser Wert sollte möglichst gering sein. Wichtig ist zu betonten, dass ein verlässlicher Test, der eine hohe statistische Signifikanz hat, einen kleinen p-Wert besitzt. Meist wird ein p-Wert gefordert kleiner als 0.05.

Ein weiteres ähnliches Konzept ist das Konfidenzintervall. Weil es sich bei einem A/B-Test um eine Stichprobe der Population handelt, gibt das Konfidenzintervall den Bereich der möglichen Ergebnisse an. Wenn also die ersten zehn Nutzer auf der Website sehr gut konvertieren und die nächsten zehn Nutzer auf der Website kaum konvertieren, so ist das Konfidenzintervall zunächst einmal sehr weit. Erst im Laufe der Zeit passt sich das Konfidenzintervall an und wird kleiner. Man kann sich also sicherer bezüglich der möglichen Ergebnisse sein. Ziel ist es entsprechend, durch eine möglichst große Stichprobe das Konfidenzintervall zu verkleinern. Es gibt jedoch bei jedem Test einen Punkt, an dem weitere Nutzer oder eine Vergrößerung der Stichprobe nicht hilft, das Konfidenzintervall zu verkleinern.

Es wird deutlich, dass eine gewisse Zeit notwendig ist, um ein sinnvolles Experiment zu Ende zu bringen. Um diese Zeit bereits vor dem Start des Experiments zu berechnen, können einige hier besprochenen Konzepte genutzt werden. Es wurde bereits erwähnt, dass eine statistische Signifikanz von 95 % Standard ist. Auch die Werte der Kontrollgruppe sind in der Regel bereits vor dem Experiment bekannt. Waren auf der Website also bereits 1000 Nutzer und 100 dieser Nutzer sind konvertiert, dann ist die Conversion bei 10 %. Diese Conversion kann in einem Experiment nun auch als Baseline bezeichnet werden. Das Konzept des Lifts würde nun beschreiben, um wie viel sich diese Conversion verbessert oder verschlechtert mit einer neuen Version. Stelle ich nun selbst die Anforderung an einen Lift in Form von Prozent, dann bestimme ich damit den sogenannten Minimum Detectable Effect, also die minimale relative Veränderung in meiner Conversion, die ich gerne entdecken würde. Vorteil dabei ist, dass auf diese Weise die Stichprobe und die Zeit, die ich für das Experiment benötigte, als Funktion voneinander ausgedrückt werden kann. Denn wenn ich den Minimum Detectable Effect verändere, dann ergibt sich auch eine andere Anforderung an die Stichprobe und diese Stichprobe kann in benötigte Zeit umgewandelt werden, weil die Baseline Conversion bereits bekannt ist. Dies hilft vielfach, wenn es um die Planung von Experimenten geht.

Eine technische Unterscheidung, die an dieser Stelle lediglich erwähnt werden sollte, ist die Unterscheidung in Client Side A/B-Testing und Server Side A/B-Testing (Scheider 2018). Während das Client Side A/B-Testing lediglich innerhalb des Browsers beim Nutzer gerendert werden kann, wird das Server Side A/B-Testing meistens mittels einer REST API zur Verfügung gestellt. Auf diese API kann von allen Plattformen zugegriffen werden und nicht nur vom Webbrowser. Das Client Side A/B-Testing kommt in der Praxis weitaus häufiger vor und ist einfacher umzusetzen, weil hier nur ein kleiner Teil des Codes angepasst werden muss. Nachteil ist, dass dies manchmal zu längeren Wartezeiten für den Nutzer führen kann. Das Server Side A/B-Testing ist deutlich besser skalierbar und kommt meist bei Unternehmen zur Anwendung, die mit ihrer Experiment Plattform sehr weit fortgeschritten sind. Ein typisches Beispiel für die Anwendung von Server Side A/B-Testing ist die Verbesserung der Empfehlungen von verschiedenen Plattformen.

10.2   Verschiedene Arten von Tests

Diese A/B-Tests können in der gesamten digitalen Erfahrung des Nutzers angeboten werden. Es ist möglich, sie auf der Homepage, mehreren Landing Pages, Sign-up Forms oder in Checkouts zu nutzen, um die Erfahrung für den Nutzer zu verbessern. Ebenso üblich ist es, bei bezahlter Werbung wie beispielsweise Facebook oder Google Ads, A/B-Tests durchzuführen, um zu verstehen, welche Ansprache an die Nutzer besser funktioniert und eine höhere Conversion zur Folge hat. Ähnlich wie auf der Website selbst können A/B-Tests auf die gleiche Art und Weise auch in der Mobile App getestet werden, genauso können verschiedene Marketinginhalte gegeneinander ausgetestet werden. Und zuletzt kann dies auch bei E-Mails umgesetzt werden.

Bei diesen Tests können jeweils alle möglichen Elemente der Plattform getestet und auch weiterführende Tests durchgeführt werden. Es ist beispielsweise auch eine vollständige Veränderung des Geschäftsmodells möglich. Bietet ein Unternehmen beispielsweise in Form eines A/B-Tests kostenlose Lieferung an, dann kann dies mit der bestehenden Variante ohne kostenlose Lieferung verglichen werden. Beliebt ist beispielsweise bei großen E-Commerce-Plattformen wie Amazon oder Content-Plattformen wie Netflix, mit den Empfehlungen zu experimentieren und auf Basis von verschiedenen Algorithmen zu messen, welche Empfehlung den Nutzer am besten dazu bringt, ein weiteres Produkt anzuschauen oder zu kaufen. Genauso gut können auch Offline A/B-Tests funktionieren. Die Möglichkeiten, Teile der Nutzererfahrung mittels eines A/B-Tests zu testen, sind nahezu unbegrenzt.

Die Grenzen des A/B-Testings liegen woanders, nämlich in der Anzahl der Nutzer oder der Größe der Stichprobe. In einem frühen Stadium eines Unternehmens ist es nicht sehr sinnvoll, bereits einen A/B-Test zu starten, weil es einfach noch zu wenige Conversions gibt. Wenn weniger als 100 Conversions pro Monat entstehen, dann sollte noch nicht über die Implementierung eines A/B-Tests oder gar eines entsprechenden Tools nachgedacht werden, weil in der Regel das ganze Geschäftsmodell noch nicht validiert wurde. Wichtig ist hierbei hervorzuheben, dass das nicht bedeutet, nicht experimentell zu arbeiten, sondern weiterhin das Geschäftsmodell als Hypothese zu begreifen. Konkrete Beispiele und Methoden, wie selbst in dieser Situation experimentell und hypothesenbasiert gearbeitet werden kann, werden besonders in Kap. 12 dargestellt.

Auch nachdem über 100 Conversions pro Monat erreicht wurden, ist es schwierig, A/B-Tests zu implementieren, die nicht zu viel Zeit kosten. Denn Zeit ist genau die Ressource, die in dieser Unternehmensphase am wenigsten zur Verfügung steht. Grundsätzlich gibt es deshalb einige Optionen, mit geringem Nutzeraufkommen umzugehen und trotzdem sinnvoll A/B zu testen. In den bisher genannten Beispielen wurde immer von sehr kleinen Anpassungen gesprochen. Diese können manchmal einen enormen Effekt gerade auf den Umsatz des Unternehmens haben, doch in einer frühen Phase mit sehr wenigen Conversions wird für eine kleine Anpassung eine lange Laufzeit benötigt. Deshalb lohnt es sich in dieser Phase, besonders starke Veränderungen zu bevorzugen. Dadurch werden Auswirkungen auf das getestete Element klarer. Statt also beispielsweise nur eine Farbe zu verändern, sollten mehrere Dinge auf der Website verändert werden. Natürlich sollten die Veränderungen alle mit einer Hypothese begründet sein, sodass nicht wahllos viele Elemente geändert werden und nicht mehr nachvollziehbar ist, was tatsächlich eine Auswirkung hatte. Beispielhaft könnte die Website entweder informativ oder emotional gestaltet werden, also entweder den Nutzer durch eine hohe Informationsdichte zu begeistern oder eher zu versuchen, ihn mithilfe der Ansprache seiner Emotionen zu einer Conversion zu bewegen.

Eine weitere Möglichkeit ist, statt der Macro Conversion eine Micro Conversion zu nutzen, die häufiger vorkommt. Dies kann verhindern, dass ein A/B-Test sehr lange Zeit benötigt, um erfolgreich zu sein. Statt also die Conversion wie einen Button-Klick zu messen, kann nun eine schwächere Conversion angenommen werden, wie beispielsweise ein Aufenthalt von mehr als fünf Sekunden auf der Website. Beide Metriken sind letztlich nur Indikatoren, ob der Nutzer sich vom Inhalt der Website oder dem Produkt angesprochen fühlt. Dabei ist der Klick auf einen Button natürlich ein stärkeres Signal, aber auch wenn der Nutzer nicht sofort wieder wegklickt, kann dies als Signal verstanden werden, dass er den Inhalt gut findet. Zwar nicht die optimale Metrik, aber diese Vorgehensweise hilft, einen A/B-Test vor allem zeitlich im Rahmen zu halten, weil das schwächere Signal meist auch häufiger vorkommt.

Möglicherweise können auch einige Hürden durch geringe Nutzerzahlen umgangen werden. Zwar wurde erwähnt, dass bei A/B-Testing eine statistische Signifikanz von 95 % eigentlich Standard ist, dies kann jedoch bei etlichen Plattformen verändert werden. Statt 95 % könnten beispielsweise nur 90 % angenommen werden, was zwar das Risiko erhöht, dass die falsche Version zum Gewinner erklärt wird, aber es kann mit einer geringeren Stichprobe der Test durchgeführt und damit mehr Tests gefahren werden.

Eine weitere recht umstrittene Methode ist das sequenzielle A/B-Testing. Hier geht es letztlich darum, dass die Daten konstant beobachtet werden und der Test, bevor er statistische Signifikanz erreicht, gestoppt und trotzdem sinnvolle Ergebnisse abgeleitet werden (Meisner 2020). Das bedeutet nicht, dass ein Test wahllos beobachtet wird und wenn ein Ergebnis vermutet wird, einfach gestoppt, vielmehr gibt es strenge Regeln, unter denen es überhaupt nur möglich ist, das Experiment zu stoppen. Statt also den kompletten A/B-Test abzuwarten, ermöglicht es das sequenzielle A/B-Testing also, schon vorher Ergebnisse abzuleiten und einen Gewinner festzustellen.

Ist man nun in einem Conversion-Bereich angekommen, in dem ein A/B-Testing zweifelsfrei Sinn macht, so sind hier auch nach oben keine Grenzen gesetzt. Statt nur eine Version dem bestehenden Produkt gegenüberzustellen, funktioniert dies auch mit mehreren Versionen. Dies wird dann als A/B/C/D-Test bezeichnet. Die Anzahl der Versionen ist hierbei unbegrenzt, erhöht aber auch die benötigte Anzahl an Nutzern für einen Test. Wichtig ist hierbei zu betonen, dass es dabei um die Veränderung eines einzelnen Elements geht. Beispielsweise können für einen Button vier verschiedene Farben verwendet und gegeneinander getestet werden.

Diese Anmerkung ist wichtig, weil es auch multivariate Tests gibt. Dabei wird ein anderes Konzept verwendet, das sich für Unternehmen eignet, die mit dem Experimentieren sehr weit fortgeschritten sind. Statt nun nur ein Element zu testen, ist meist schon bekannt, dass verschiedene Elemente auf der Website für den Nutzer wichtig sind. Statt also nur ein einzelnes Element zu verändern, möchte man auch verstehen, wie sich die Veränderungen der einzelnen Elemente zueinander verhalten. Hierzu eignen sich multivariate Tests, denn hierbei werden bereits im Vorfeld die wichtigsten Elemente wie beispielsweise Überschrift, Bild und Button definiert. Gibt es nun von jedem Element zwei Versionen, so entstehen sechs verschiedene Versionen der Website, die schematisch als AAA, AAB, ABA, BAA, BAB und BBB bezeichnet werden können. Zwar sind multivariate Tests sinnvoll, um ein sehr gutes Verständnis für die einzelnen Elemente auf der Website zu bekommen, doch benötigen diese Tests meist sehr viele Nutzer bzw. Conversions.

Eine noch fortschrittlichere Variante des multivariaten Tests ist der sogenannte Bandit Test, den es in mehreren Versionen gibt, die zum Teil sehr komplex sind. Hier soll nur das Grundprinzip dieses Tests erklärt werden (Birket 2020). Bei dem oben genannten Beispiel kann es schnell zu einer sehr hohen Anzahl von Varianten kommen. Werden also auf der Website insgesamt sechs verschiedene Elemente festgestellt, die für den Nutzer wichtig sind, und dabei vier verschiedene Versionen jeweils ausgetestet, so ergibt sich schon eine vierstellige Anzahl an Varianten. Es wäre daher sehr zeitaufwendig, all diese Varianten auszutesten und zu warten, bis ein statistisch signifikantes Ergebnis entsteht. Dieses Problem kann durch einen Bandit Test gelöst werden, denn dieser versteht schon sehr früh durch verschiedene Algorithmen, welche Varianten im Rahmen des Tests besonders schlecht und welche besonders gut abschneiden. Dementsprechend kann dieser Test dynamisch eine höhere Anzahl an Nutzern zu den Varianten mit guten Ergebnissen bringen. Dies hat zur Folge, dass der Test schneller abgeschlossen werden kann, weil früh schlechte Varianten aussortiert werden und nicht so lange wie zuvor auf eine Sieger-Variante warten werden muss. Die Statistik hinter den im Rahmen eines Bandit Tests verwendeten Machine Learnings ist teilweise recht komplex und meist nur ein Thema für Data Teams, dennoch ist die Optimierung dieser Art von Test für die meisten Unternehmen mit hohen Nutzerzahlen sehr wichtig.

10.3   Gutes und schlechtes Testen

Es wurde bereits einige Male angeschnitten, welches Verhalten für einen guten A/B-Test erforderlich ist und welches eher schädlich. Dies soll nachfolgend noch einmal ausführlicher behandelt werden.

Es gibt viele Methoden, um A/B-Tests zu verbessern oder um sie richtig auszurichten. Eine häufig empfohlene, aber auch umstrittene Technik ist das A/A-Testing (Georgiev 2017). Dadurch wird sichergestellt, dass die A/B-Testing Software korrekt eingestellt ist und keine grundlegenden Fehler bei der Messung aufweist. Anstatt also zwei verschiedene Versionen zu testen, werden stattdessen zwei identische Versionen beispielsweise einer Website einfach als zwei verschiedene Versionen genommen. Ziel ist hier natürlich nicht, einen Gewinner festzustellen und einem statistisch signifikanten Ergebnis zu kommen, denn das würde bedeuten, dass zwei identische Versionen aus irgendeinem Grund unterschiedliche Auswirkungen auf die Stichprobe haben. Es würde in einem solchen Fall also nichts bringen, einen wirklichen A/B-Test einzusetzen, weil ein methodischer Fehler vorliegt. Dies erfordert dann in einem nächsten Schritt, diesem methodischen Fehler auf den Grund zu gehen und zu verstehen, warum ein unterschiedliches Ergebnis zustande kommen kann. Erst danach sollte mit dem A/B-Testing begonnen werden.

Insbesondere bei Client Site A/B-Testing ist es auch wichtig zu überprüfen, ob durch den zusätzlichen Code auf der Website eine längere Ladezeit für den Nutzer entsteht oder die Website eventuell in verschiedenen Browsern sehr unterschiedlich dargestellt wird (Kadlec 2021). Sichergestellt wird dies insbesondere mittels Pagespeed Tests oder Cross Browser Tests.

Selten wird auch die Methode Retesting angewandt. Hierbei wird der identische A/B-Test erneut durchgeführt. Dies macht Sinn, denn selbst bei statistischer Signifikanz liegt die Wahrscheinlichkeit, dass sich das Ergebnis wiederholt, in der Regel nur bei 95 %. Handelt es sich um ein wichtiges Element oder eine wichtige Produktentscheidung, so kann durchaus ein weiterer Test zur Sicherheit durchgeführt werden, um eventuelle Fehlschlüsse zu vermeiden. Logischerweise benötigt diese Art des Testings jedoch das Doppelte an Zeit.

Es gibt auch zahlreiche bekannte Effekte, die im Rahmen des A/B-Tests zu vermeiden sind. Gerade bei etablierten Produkten sind besondere Effekte bei den Nutzern zu beobachten, die häufig im Rahmen von Tests berücksichtigt werden müssen (Ding 2021). Zum einen gibt es den Primacy-Effekt (oft auch Change Aversion) genannt, der dazu führt, dass Nutzer neuen Features gegenüber eher weniger aufgeschlossen sind und diese ablehnen. Zum anderen gibt es den Novelty-Effekt, der besagt, dass Nutzer neue Features oder

Produktanpassungen ganz besonders gerne und häufig nutzen. Beide Effekte halten aber nicht sehr lange an, und so kann es vorkommen, dass ein A/B-Test gerade zu Beginn oder bei kurzer Laufzeit stark von diesen Effekten betroffen ist und das Resultat verfälscht wird. Häufig wird beispielsweise beobachtet, dass ein Feature zu Beginn sehr häufig genutzt wird, diese Nutzung aber nach einiger Zeit stark abnimmt.

Es gibt jedoch Möglichkeiten, diese Effekte zu entfernen, zum einen über eine Stichprobe, die ausschließlich Erstnutzer enthält. Diese Nutzer sind nicht an das Produkt gewöhnt und daher auch nicht von den beiden Effekten beeinflusst. Zum anderen könnte der Test wie gehabt durchgeführt werden und erst beim Ergebnis segmentiert sowie die Erstnutzer mit Bestandsnutzern verglichen werden, um zu sehen, ob es hier einen Unterschied gibt.

Ein häufiges Problem, das beim A/B-Testing auftritt, ist das sogenannte Peeking. Das bedeutet, dass die Ergebnisse des A/B-Tests bereits angeschaut werden, bevor der Test die nötige Stichprobengröße erreicht hat (Yakubenkov 2020). Typischerweise passiert dies, wenn die neue Variante zu Beginn eine deutlich schlechtere Conversion aufweist als die alte Variante. Aus Angst vor einem negativen Effekt auf die Kennzahlen wird der Test dann einfach beendet, ohne die geforderte Stichprobengröße abzuwarten. Dies ist problematisch, weil in der Regel keine statistische Signifikanz erreicht worden ist, der Test also ohne großen Wert ist. Das Peeking sollte nicht mit einer Form des Sequential Testings verwechselt werden. Dabei werden zwar vor dem Erreichen der geforderten Stichprobengröße Entscheidungen getroffen, aber nur unter strengen statistischen Voraussetzungen.

Eine weitere Besonderheit ist das Auftreten von Scheinkausalitäten, wie bereits erwähnt. Hier wird dieser Fehlschluss erneut relevant, denn häufig kommt es vor, dass vor einem A/B-Test die Metriken noch nicht bestimmt werden und sehr viele verschiedene gemessen werden. Das Messen an sich ist nicht problematisch, es muss aber bereits im Vorfeld eine Metrik gewählt werden, die entscheidend ist. Ansonsten besteht die Gefahr, auf alle Metriken zu schauen und zu überprüfen, ob eine davon einen besonders interessanten Unterschied aufweist. Dadurch entstehen Korrelationen, die so eigentlich nicht vorhanden sind.

Ebenfalls passiert es, dass Unternehmen, die bereits früh mit A/B-Tests gearbeitet haben, diese nicht entsprechend erweitern und skalieren. Es gibt mögliche Zeitpunkte in einem Unternehmen, um Experimente besser zu planen und auch eine gewisse Roadmap für die Experimente zu erstellen. Auf diese Weise wird eine viel bessere Organisation innerhalb des Unternehmens erreicht und sichergestellt, dass verschiedene Iterationen im Rahmen eines Sprints oder Ähnlichem zum Tragen kommen. Auch die verwendeten Tools sollten weiter überprüft und infrage gestellt werden. Es besteht immer die Möglichkeit, eine Plattform selbst zu bauen, die ultimativ auf das eigene Unternehmen zugeschnitten ist. Zudem sollte irgendwann von einfachen A/B-Tests Abschied genommen werden und Automatisierungen in die Tests mit einfließen, die Optimierungsprobleme ohne große Mithilfe der beteiligten Mitarbeiter lösen.

Literatur

Birket A (2020) When to run bandit tests instead of A/B/n tests. https://cxl.com/blog/bandit-tests. Zugegriffen am 22.10.2021

Ding E (2021) Cracking A/B testing problems in data science interviews. https://youtu.be/X8u6kr4fxXc. Zugegriffen am 22.10.2021

Georgiev G (2017) Should you do A/A, A/A/B or A/A/B/B tests in CRO? https://blog.analytics-toolkit. com/2014/aa-aab-aabb-tests-cro. Zugegriffen am 22.10.2021

Kadlec T (2021) Understanding the true cost of client-side A/B testing. https://timkadlec.com/remembers/2021-01-12-cost-of-client-side-ab-testing. Zugegriffen am 22.10.2021

Kohavi R, Tang D, Xu Y (2020) Trustworthy online controlled experiments: a practical guide to A/B testing. Cambridge University Press, Cambridge

Meisner D (2020) Unlocking peeking in AB-tests. https://towardsdatascience.com/unlocking-peeking-in-ab-tests-7847b9c2f6bb. Zugegriffen am 22.10.2021

Resnik B (2019) 800 scientists say it's time to abandon „statistical significance". https://www.vox.com/latest-news/2019/3/22/18275913/statistical-significance-p-values-explained. Zugegriffen am 22.10.2021

Scheider B (2018) Client-side und Server-side A/B testing – Das Beste aus zwei Welten! https://www.abtasty.com/de/blog/server-side-ab-testing. Zugegriffen am 22.10.2021

Yakubenkov O (2020) Peeking problem – the fatal mistake in A/B testing and experimentation. https://gopractice.io/blog/peeking-problem. Zugegriffen am 22.10.2021

Growth Hacking

11.1 Geschichte von Growth Hacks

Die Begrifflichkeiten rund um den Begriff Growth Hack oder Growth Hacking werden vor allem in der Start-up-Szene sehr häufig verwendet. Allerdings wissen viele Organisationen nicht, was der Begriff genau bedeutet, was ein Growth Hacker genau macht, oder der Begriff wird vollkommen unterschiedlich definiert. Deshalb wird im Folgenden kurz auf den Ursprung des Begriffs eingegangen und auf die wichtigsten Aufgaben eines Growth Hackers.

Sean Ellis hat diesen Begriff bereits 2010 in einem Blogpost erwähnt (Ellis 2010). Oftmals wird aber nur ein Satz aus diesem Artikel zitiert, der eigentlich nicht wirklich etwas über das Growth Hacking aussagt: „… jemanden, der auf Wachstum eingenordet ist. Alles, was er unternimmt, wird genau auf die mögliche Wirkung auf skalierbares Wachstum hin untersucht." Das Hauptziel im Growth Hacking ist sicher das Wachstum des Unternehmens, das trifft aber für alle Positionen im Unternehmen zu. Ellis kritisiert in diesem Artikel vielmehr, dass vor allem in den Jobbeschreibungen von Start-ups viele Anforderungen vorkommen, die seiner Ansicht nach nicht mehr zeitgemäß sind. Oft wird in den Jobbeschreibungen auch gefordert, eine Strategie zu entwickeln, oder die Kanäle, die für das Marketing genutzt werden, sind bereits vorgegeben. Dies ist für Ellis problematisch, denn gerade nach dem Erreichen von Product-Market-Fit geht es nicht darum, etablierte Kanäle zu benutzen, die womöglich sogar von Konkurrenten bereits genutzt werden, sondern vielmehr geht es darum, einen einzigartigen Kanal zu finden, der auch zum zu vermarktenden Produkt passt. Für diese Aufgabe ist hilfreich, nicht bereits mit etablierten Kanälen gearbeitet zu haben. Teilweise ist sogar das Gegenteil der Fall, denn wenn ein Experte für bestimmte Marketingkanäle in einem neuen Unternehmen angestellt wird, dann wird er sehr wahrscheinlich weiter mit diesen Kanälen arbeiten, weil er sich mit diesen am wohlsten

N. Stotz, *Experimentelle Produktentwicklung*, https://doi.org/10.1007/978-3-662-65467-5_11

fühlt. Viel wichtiger ist aber, ein tiefes Verständnis für das Produkt zu entwickeln und daraus einen neuen Kanal zu entwickeln, der genau für das eigene Produkt passt. Um das zu erreichen, sollten Experimente genutzt werden, die diesen Kanal systematisch aufspüren und entwickeln sollen.

Ein weiterer wichtiger Artikel, der zur Verbreitung des Begriffs beigetragen hat, stammt von Andrew Chen (Chen 2012). Er schließt sich den Aussagen von Ellis an, erweitert die Definition und gibt einige anschauliche Beispiele zur Verdeutlichung. Laut Chen gab es zuvor nur traditionelle Kanäle, die Millionen von Menschen erreichen konnten, wie beispielsweise TV-Werbung oder das Platzieren eines Produkts in Supermärkten. Für diese traditionellen Kanäle waren insbesondere nicht-technische Fähigkeiten wie Branding besonders relevant. Dies hat sich allerdings geändert, vor allem seit der Entstehung von Plattformen, auf denen es genauso möglich ist, Millionen von Nutzern zu erreichen. Hierzu zählt Chen beispielsweise Facebook oder den App Store. Neben diesen Plattformen gibt es auch zahlreiche neue Plattformen, die gerade erst aufkommen und sich rasant entwickeln. Um mit diesen Plattformen zu arbeiten, braucht es neue Fähigkeiten, die sehr viel technischer sind als das traditionelle Marketing. Die Kanäle, um ein Produkt zu vermarkten, sind zudem viel fragmentierter. Erfahrungen mit bereits etablierten Kanälen sind daher nicht mehr so relevant wie zuvor. Chen ist allerdings weniger konkret, wenn es um einen Prozess für diese neuen Kanäle geht, und er betont mehr, dass leitende Funktionen im Marketing sehr viel technischer werden müssten. Dennoch erwähnt auch er A/B-Tests als eine zentrale Methode, um diese neuen Kanäle zu finden.

Growth Hacking ist zwar ein Begriff, der noch nicht in allen Unternehmen vollständig angekommen ist, das Experimentieren mit Marketingkanälen und Produktfeatures ist aber ein zentraler Bestandteil dieser Disziplin. Das Verständnis dafür, dass sich Marketing verändert hat und selbst innerhalb des Performance Marketings nach neuen Wegen gesucht werden muss, um Nutzer zu erreichen, ist von zentraler Bedeutung für junge und etablierte Unternehmen. Wichtig ist auch zu erwähnen, dass es gerade bei Start-ups möglich ist, mit traditionellem Marketing und einem fortschrittlichen Geschäftsmodell sehr weit zu kommen und viele Finanzierungsrunden abzuschließen oder sogar profitabel zu werden. Der große Durchbruch und die Etablierung des eigenen Start-ups als Plattform werden allerdings nur durch eine einzigartige Abstimmung zwischen der Entwicklung des Produkts und den Marketingkanälen möglich sein. Experimente sind für diese Abstimmung das wichtigste Instrument.

11.2 Beispiele

Growth Hacking ist gut anhand von Beispielen zu erklären, bei denen ein Problem vorgestellt wird, das statt durch traditionelle Methoden mit neuen und kreativen Ansätzen gelöst wurde. So wird verdeutlicht, welche Denkweisen zur Förderung des Wachstums eines Unternehmens nötig sind, und hierunter sind nicht nur Technologieunternehmen zu fassen.

Im Folgenden werden einige interessante Beispiele dargestellt, die sich eignen, einen Growth Hack zu beschreiben.

Ein Growth Hack, den ich bereits häufig beobachtet habe, geschieht regelmäßig an einem bekannten Mannheimer Dönerladen. Dieser Dönerladen ist zentral am Mannheimer Hauptbahnhof gelegen, und besonders gegen Mitternacht kommen sehr viele Studenten von verschiedenen Partys und wollen alle zur gleichen Zeit einen Döner. Das ist für diesen Dönerladen eine Herausforderung, denn wie sollen all diese Menschen zur gleichen Zeit bedient werden und wie kann verhindert werden, dass die Menschen wegen der langen Warteschlange einfach woanders hingehen und sich dort etwas zu essen kaufen? Natürlich könnten für diese Zeit mehr Mitarbeiter eingestellt werden, die schneller die Wünsche der Menschen bedienen können. Eine Alternativ wäre eine bessere technische Ausstattung, um in der Lage zu sein, jeden einzelnen Wunsch schneller zu bearbeiten. Doch dies würde sehr viel Geld kosten und es wäre fraglich, ob mehr Mitarbeiter hinter der schmalen Ladentheke überhaupt schneller arbeiten können.

Stattdessen kam ein Mitarbeiter des Dönerladens auf eine einfache Idee. Er beobachtete, dass sich viele Menschen ab einer bestimmten Länge der Warteschlange entweder nicht mehr dort anstellen oder diese nach einigem Warten verlassen. Dagegen wendete er zwei Maßnahmen an. Er erkannte, dass es wichtig ist, die Menschen so früh wie möglich zu fragen, was sie denn gerne hätten, unabhängig von ihrem Platz in der Warteschlange. Zusätzlich bat er Nutzer, doch im Restaurant kurz Platz zu nehmen, während sie auf ihren Döner warten. Er erreichte auf diese Weise zweierlei: Wenn die Nutzer Platz nehmen, dann sind sie aus der Warteschlange entfernt, diese wird kürzer und mehr Menschen stellen sich für einen Döner an. Wenn er die Nutzer, die sich auch ganz hinten in der Warteschlange befinden, nach ihrem Wunsch fragt, dann fühlen diese sich gebunden, stehen zu bleiben.

Die Art und Weise, wie der Mitarbeiter mit dieser Situation umgeht, kann als Growth Hack bezeichnet werden. Anstatt also neue Mitarbeiter einzustellen oder in neue und schnellere Geräte zu investieren, wendet der Mitarbeiter ein Mittel an, das ihn keinen Cent kostet und sehr einfach auszuführen ist. Diese Denkweise, mit einfachsten Mitteln eine Herausforderung zu lösen, ist ein schöner und beispielhafter Growth Hack. Natürlich gibt es hier keine Metriken und Zahlen, mit denen der Erfolg noch zusätzlich untermauert werden könnte, aber wichtig ist zu zeigen, dass die Anwendung des Growth Hacks überall stattfinden kann – sogar mitten in der Nacht in einem Dönerladen.

Der Houston Airport zeigt ein weiteres Beispiel für einen Growth Hack, der ohne viele technische Hilfsmittel auskommt (Stone 2012). Dieser Flughafen hatte einmal eine Umfrage an seine Nutzer verschickt und gefragt, was aus deren Sicht das größte Problem am Flughafen ist. Eine große Mehrheit nannte das lange Warten auf das Gepäck als Problem Nummer 1. Der Flughafen analysierte zunächst, wie lange die Nutzer tatsächlich warten, und stellte eine durchschnittliche Wartezeit von neun Minuten fest. Nach dieser Analyse machte sich der Flughafen daran, dieses Problem für die Nutzer zu beseitigen. Sie gaben viele Millionen US-Dollar aus, um Beratungsfirmen zu bezahlen, die Abläufe zu verbessern und neue Maschinen zu kaufen, um das Gepäck schneller für Ankommende zur

Verfügung zu stellen. Laut den Messungen vom Flughafen verringerte sich dadurch die durchschnittliche Wartezeit auf fünf Minuten. Eine erneute Umfrage des Flughafens ergab jedoch, dass mit nahezu dem gleichen prozentualen Anteil das Warten auf das Gepäck als das größte Problem genannt wurde. Zwar hatte der Flughafen das Problem und die Herausforderung der Nutzer erkannt und auch Maßnahmen eingeleitet mit dem Ziel, dieses Problem zu beseitigen, trotzdem schien es so, dass die Nutzer weiterhin an dieser Stelle genauso unzufrieden mit dem Flughafen waren.

Eine kreative Lösung wurde daher von ein paar Mitarbeitern vorgeschlagen. Dabei lagen den Mitarbeitern dieselben Datenanalysen vor. Sie gingen davon aus, dass das Problem für die Nutzer nicht ist, dass das Gepäck erst nach einer bestimmten Zeit auf dem Gepäckband ankommt, das Problem ist vielmehr die Wartezeit. Das ist ein entscheidender Unterschied, denn wird versucht, die Transportzeit vom Flugzeug zum Gepäckband zu verringern, dann werden andere Mittel verwendet als beim Verkürzen der reinen Wartezeit. Statt die Prozesse für den Gepäcktransport weiter zu optimieren, sollte einfach der Laufweg der Nutzer verlängert werden.

Die Ankunft der Nutzer sollte also so verlegt werden, dass diese mindestens fünf Minuten länger zum Gepäckband laufen müssen, was vom Flughafen auch umgesetzt wurde. Die erneute Umfrage ergab kaum noch Nutzer, die die lange Wartezeit überhaupt als Problem nannten. Es gab übrigens auch nur wenige Nutzer, die sich über einen zu langen Laufweg nach der Ankunft beschwerten.

Dieser Growth Hack ist ein weiteres schönes Beispiel für eine Herangehensweise, die sich nicht an alten und bekannten Methoden orientiert, sondern kreativ nach neuen Lösungen sucht. Nachdem der Flughafen erkannt hatte, dass die Wartezeit ein Problem ist, war es natürlich sinnvoll zu versuchen, die Transportzeit des Gepäcks zum Gepäckband zu verringern. Allerdings ist dieser Lösungsweg mit recht hohen Kosten verbunden. Nur bei der genaueren Analyse der Ausgangssituation wird klar, dass nicht nur das Gepäckstück eine Variable in der Problemstellung ist, sondern eben auch der Nutzer. Die Bereitschaft, eine neue Methode anzuwenden, die so vermutlich noch nicht gängige Praxis des Flughafens ist, und auszuprobieren, ob diese Methode zu einer besseren Nutzererfahrung führt, ist hier der eigentliche Growth Hack und kann ohne viele Ressourcen ausgeführt werden.

Darüber hinaus gibt es das klassische Beispiel für Growth Hacks von Airbnb (Rossof 2011). Diese Art von Beispielen wird am häufigsten verwendet, um in das Growth Hacking einzuführen. Airbnb ist eine Plattform zur Buchung und Vermietung von Unterkünften und wurde schnell zu einem Milliardenunternehmen. Doch zu Beginn war es nicht so einfach für Airbnb, denn es gab viele andere Anbieter im Internet. In den USA gab es vor allem ein sehr prominentes Portal namens Craiglist, auf dem zum damaligen Zeitpunkt die meisten Vermieter ihre Wohnung anboten. Craiglist gehörte vor der Zeit von Airbnb sogar zu den meistaufgerufenen Seiten der ganzen Welt. Die Community von Craiglist war riesig und Airbnb hatte weder die Zeit noch die monetären Mittel, um Nutzer auf sich aufmerksam zu machen oder gar von Craiglist abzuwerben. Hier musste also eine kreative Lösung gefunden werden, um die Nutzer einer anderen Plattform auf die eigene aufmerksam zu machen.

Airbnb hatte also erkannt, dass es bereits eine Lösung für das Problem gab, das auch Airbnb für die Nutzer lösen wollte, war aber davon überzeugt, dass Airbnb die bessere und spezifischere Lösung hatte und wusste, dass damit die Nutzer, die Craiglist nutzten, um ihre Wohnung zu vermieten, davon überzeugt werden konnten. Airbnb verstand also, dass die Nutzer zwar bei Craiglist waren, Airbnb aber nur eine Möglichkeit brauchte, diese Nutzer dort auf die eigene Plattform aufmerksam zu machen. Also nutzte Airbnb die Plattform Craiglist für die Vermarktung der eigenen Plattform. Wenn ein Nutzer zuvor eine Wohnung auf dem Airbnb-Portal zur Vermietung angeboten hatte, war kaum jemand darauf aufmerksam geworden, weil es einfach zu wenig Nutzer auf deren Plattform gab. Deshalb baute Airbnb eine zusätzliche Funktion in sein Portal ein: Bot nun Nutzer eine Wohnung auf Airbnb an, dann konnte er mit ein paar zusätzlichen Klicks die Wohnung zur gleichen Zeit auch bei Craiglist anbieten. Die Wohnungssuchenden von Craiglist wurden so also auf die Wohnung aufmerksam und dann zu Airbnb weitergeleitet. Auf diese Weise gelang es Airbnb, viele Nutzer auf seine Plattform zu bekommen, ohne wirklich mit großen Anbietern auf verschiedenen Werbeplattformen zu konkurrieren.

Der Hack ist deshalb so legendär, weil er die Idee von Growth perfekt untermauert. Es gab bisher keine Lösung dieser Art, aber das Team von Airbnb hat genau verstanden, wo sich die Nutzer gerade aufhielten. Es musste also ein Weg gefunden werden, um diese Nutzer genau dort zu erreichen, gab aber keine klassischen oder bereits etablierten Wege. Deshalb musste Airbnb sozusagen einen ganzen Marketingkanal neu erfinden, um an die vorhandenen Nutzer heranzukommen. Über das tiefe Verständnis der Nutzererfahrung wurde eine Analyse erstellt und mithilfe der modernen technischen Möglichkeiten eine technische Lösung gefunden. Es handelte sich hierbei um ein Marketingproblem, doch die klassischen Fähigkeiten, die Marketingmitarbeiter normalerweise mitbringen, halfen nicht wirklich bei der Lösung des Problems. Vielmehr verhalf ein breites Verständnis des eigenen Produkts und des Marktes zu einer kreativen Lösung.

Ein weiterer klassischer Growth Hack wurde von Dropbox geprägt (Baptiste 2012). Dropbox wurde 2007 als erste größere Cloud-Storage-Plattform gestartet. Im Großen und Ganzen erlaubt es Dropbox, Daten online zu speichern und zwischen verschiedenen Nutzern hin- und herzuschieben. Die Dropbox taucht dabei wie ein normaler Ordner als Anwendung im Betriebssystem der Nutzer auf und bietet so eine sehr angenehme Nutzererfahrung. Zur damaligen Zeit löste Dropbox das Problem des relativ umständlichen Austauschs von größeren Daten per E-Mail oder sogar per USB-Stick. Dropbox vereinfachte diesen Austausch mit ihrem Produkt deutlich.

Dropbox agierte bereits zu Beginn mit einem Freemium-Modell. Bis zu einer bestimmten Dateimenge blieb Dropbox für die Nutzer vollkommen kostenlos. Wurde jedoch diese Menge überschritten und mehr als der kostenlos zur Verfügung gestellte Speicherplatz genutzt, dann musste man dafür monatlich zahlen. Für die meisten Nutzer reichte der von Dropbox kostenlos zur Verfügung gestellte Speicherplatz nicht aus und die Nutzer brauchten eigentlich immer mehr als. Wie bei den meisten bisher besprochenen Start-ups war auch bei Dropbox eines der größten Probleme, neue Nutzer zu finden. Wie Airbnb glaubte Dropbox allerdings, dass die Nutzer sofort von ihrem Produkt überzeugt sein werden, wenn sie es einmal sehen. Dropbox löste diese Herausforderung mit einem beispielhaften Onboarding, das für viele weitere Unternehmen Maßstäbe setzen sollte. Dropbox generierte eine ganze Liste an Möglichkeiten für Nutzer, mehr Speicherplatz zu erhalten. So konnten Nutzer Freunde weiterempfehlen, einen Tweet absetzen, Dropbox bei Facebook liken usw. All diese Möglichkeiten wurde häufig genutzt, denn es war wirklich sehr einfach, den Speicherplatz zu erweitern, und so gelang es Dropbox, viele neue Nutzer durch Referral-Nutzer zu gewinnen. Denn letztlich brauchte fast jeder Nutzer mehr als den kostenlos zur Verfügung gestellten Speicherplatz.

Das Besondere an diesem Hack ist, dass die Nutzer spielerisch motiviert wurden, all das zu tun, was von Dropbox gewünscht wurde. Dropbox ließ das Onboarding wie eine Liste von Aufträgen für die Nutzer erscheinen und belohnte sie mit virtuellen Gütern. All das steigerte die Motivation der Nutzer ganz erheblich und trug dazu bei, dass Dropbox heutzutage der Marktführer im Cloud Sharing ist. Dieser Hack zeigt auf, wie eng in diesem Fall die Zusammenarbeit von Marketing und Produkt ist. Auch hier ist der Ursprung ein Marketingproblem. Es ist nicht einfach, einen bestehenden Kanal für ein Produkt wie Dropbox zu finden, weil das Produkt selbst zur damaligen Zeit recht erklärungsbedürftig war. Dropbox hat dieses Marketingproblem jedoch nicht mit altbekannten Mitteln gelöst, sondern hat einen Weiterempfehlungsmechanismus genutzt, der automatisch dafür sorgt, dass neue Nutzer mit dem Produkt in Berührung kommen und es nutzen.

11.3 Growth Hacks als Inspiration

Es ist wichtig zu verstehen, wie Growth Hacks entstanden sind und warum sie jeweils so erfolgreich waren, um sie als Inspiration für die eigenen Experimente zu nutzen. Die Beispiele haben verdeutlicht, dass es im Grunde egal ist, in welchem Bereich oder in welcher Industrie das Unternehmen angesiedelt ist. Überall können traditionelle Wege der Verbreitung des Produkts verbessert und gleichzeitig zu einer besseren Nutzererfahrung beigetragen werden. Die Kenntnisse aus diesen bereits angewandten Growth Hacks sind hilfreich für das eigene Bestreben, viele Experimente zu kreieren. Natürlich können diese Hacks nicht eins zu eins auf das eigene Unternehmen übertragen werden, aber einzelne Elemente daraus können genutzt werden, um Hypothesen auch im eigenen Unternehmen zu testen.

Die Relevanz des Growth Hackings für das Experimentieren liegt auf der Hand, soll aber noch einmal erläutert werden. Es ist immer möglich, dass eine einzelne Person in einem Unternehmen diese Art von Ideen oder Hacks initiiert und umsetzt und damit ein zentrales Problem des Unternehmens löst. Dies passiert allerdings eher weniger häufig und ist zumeist ein reines Zufallsprodukt. In der Realität sind die Hacks, die von Dropbox, Airbnb und vielen weiteren Unternehmen bekannt sind, mehr das Produkt aus einer Kultur, die bereit ist, neue Wege zu beschreiten und Dinge auszuprobieren. Natürlich waren die beschriebenen Methoden auch nicht die einzigen Dinge, die von Dropbox und Airbnb ausprobiert wurden. Das Entscheidende ist, dass Airbnb und auch Dropbox es einerseits zuließen, dass unkonventionelle Ideen und Hypothesen ernsthaft diskutiert wurden.

Andererseits wurde tatsächlich auch in diese Hypothesen investiert. Im Beispiel von Airbnb war keineswegs klar, dass dieses Experiment so erfolgreich enden würde. Vielleicht sind die Nutzer völlig falsch eingeschätzt worden, weil sie nur Craiglist trauten und nicht zu Airbnb weitergeleitet wurden, oder es war technisch und rechtlich nicht möglich, die gleiche Wohnung auch bei Craiglist anzubieten. All diese Zweifel und negativen Ausgangs-Szenarien waren auch vorhanden, als Airbnb die Entscheidung getroffen hat, trotzdem auszuprobieren, ob diese Idee funktionieren könnte, und in diesem Fall wurden sie belohnt. Aus einem Experiment wurde ein Growth Hack, der das Überleben des Unternehmens sicherte und dessen Wachstum weiter vorantrieb.

Wie bereits in Kap. 7 beschrieben, sollten natürlich nicht die Ideen, die schon einmal bei anderen Unternehmen erfolgreich waren, einfach kopiert und im eigenen Unternehmen angewandt werden. Aber genau diese Art von klassischen Growth Hacks, die bereits eine große Auswirkung bei einem anderen Produkt haben, können in einer Art Swipe Files auch als Inspiration für neue Experimente dienen. So werden sich beispielsweise viele Unternehmen fragen, wie sie ihre eigenen Nutzer dazu bringen können, ihr Produkt weiterzuempfehlen. Eine schöne Inspiration kann dann die von Dropbox kreierte Liste mit verschiedenen Aufträgen an den Nutzer sein, die ihm zusätzliches Datenvolumen bei Dropbox garantieren. Natürlich ist dieser Hack dann nicht eins zu eins übertragbar, aber beispielsweise kann der Nutzer statt zusätzlichen Datenvolumens vielleicht einen Artikel gratis erhalten oder einen anderen Vorteil.

Literatur

Baptiste J (2012) The ultralight startup: launching a business without clout or capital. Portfolio, New York

Chen A (2012) Growth hacker is the new VP marketing. https://andrewchen.com/how-to-be-a-growth-hacker-an-airbnbcraigslist-case-study/. Zugegriffen am 22.10.2021

Ellis S (2010) Find a growth hacker for your startup. https://www.startup-marketing.com/where-are-all-the-growth-hackers/. Zugegriffen am 22.10.2021

Rossof M (2011) Airbnb farmed craigslist to grow its listings, says competitor. https://www.businessinsider.com/airbnb-harvested-craigslist-to-grow-its-listings-says-competitor-2011-5. Zugegriffen am 22.10.2021

Stone M (2012) Why waiting is torture. https://www.nytimes.com/2012/08/19/opinion/sunday/why-waiting-in-line-is-torture.html. Zugegriffen am 22.10.2021

Kategorien der Experimente

12

12.1 Problemvalidierung

Ein wichtiges Experiment ist die Validierung des Problems eines Start-ups mit dem Ziel zu verstehen, ob das Problem, das ein Start-up lösen will, tatsächlich existiert und ob es auch gelöst werden muss. Weil die Problemanalyse meist in einer frühen Phase des Start-ups ansteht und es gerade noch keine anderen Lösungen gibt, eignet es sich hier am besten, eher qualitative Antworten von Nutzern zu sammeln. Dabei ist wichtig, die Nutzer mit den Fragen nicht in eine Richtung zu lenken, sondern die Fragen eher offen zu gestalten. Es reicht daher zunächst einmal, eine kleine Anzahl von Nutzern zu erreichen und mit ihnen ausführlich über das Problem zu sprechen. Idealerweise kann bereits aus möglichen Antworten oder Diskussionen abgeleitet werden, ob das Problem in der angestrebten Form vorhanden ist und gelöst werden muss. Die Phase der Problemanalyse ist entscheidend, und es lohnt sich, mithilfe von verschiedenen Experimente genau zu verstehen, welches Problem gelöst werden sollte (siehe Abb. 12.1).

Wird der Weg gewählt und im Rahmen eines Interviews mit potenziellen Nutzern gesprochen, von denen angenommen wird, dass sie dem Problem ausgesetzt sind, dann ist es wichtig, bei den Fragen an die Nutzer keine Auswahlmöglichkeiten zu bieten und die Nutzer eher nach ihrem Alltag und ihrer derzeitigen Situation zu fragen. Rob Fitzpatrick beschreibt dies in seinem Buch sehr gut und gibt Einblicke, wie ein derartiges Interview zu führen ist und was dabei beachtet werden sollte (Fitzpatrick 2013). Dabei ist das Wichtigste, sich nicht auf die Lösung zu fokussieren, sondern allein über den Nutzer und seine Probleme zu sprechen und das Gespräch nicht in eine bestimmte Richtung zu lenken. Lenkt man die Nutzer in eine bestimmte Lösung, dann stimmen sie meistens zu und bezeichnen die Lösung als sinnvoll, weil sie den Fragesteller nicht verletzen möchten. Daher sollte es im Idealfall in derartigen Interviews noch gar nicht um das Produkt oder eine

N. Stotz, *Experimentelle Produktentwicklung*, https://doi.org/10.1007/978-3-662-65467-5_12

Abb. 12.1 Kategorien der
Validierung

potenzielle Lösung gehen, sondern vielmehr nur um den Alltag des Nutzers und wie er
momentan mit dem Problem selbst umgeht.

Ein schöner Weg, erste Eindrücke der Nutzer zu sammeln, ist auch der Fünf-Sekunden-
Test (Reddy 2020). Dabei wird den Nutzern eine Website oder ein Element aus dem Produkt für fünf Sekunden gezeigt, und sie werden im Anschluss gefragt, an was sie sich erinnern. Das Produkt auf diese Art und Weise zu testen gibt einen guten Einblick, ob das
Wertversprechen des Produkts klar dargestellt wird und ob die Nutzer das Problem selbst
überhaupt verstehen. Das Verständnis des Produkts ist dabei das zentrale Element des
Tests. Im Anschluss können noch zusätzliche Elemente wie die Erwartungshaltung oder
die nächsten Schritte beim Nutzer erfragt werden. Ein Experiment dieser Art ist einfach
aufzusetzen und viele User-Experience-Test-Seiten bieten mittlerweile einen solchen
Test an.

Ein ebenso interessanter Weg, über das Problem einen besseren Überblick zu bekommen, ist, ein Event zu veranstalten (Kromer 2018), etwa kann eine Konferenz, ein Meetup
oder Ähnliches. Am unkompliziertesten ist jedoch einfach ein Online-Webinar. Relevante
Nutzer zu diesem Event einzuladen ermöglicht die Darstellung der Relevanz des Problems
für die Nutzer. Wenn die Nutzer also dem Event beiwohnen, dann sind sie auch daran interessiert, über das Problem näher Bescheid zu wissen und mit anderen darüber zu sprechen. Die Kommunikation dieses Events zwingt auch zu verstehen, wo das Unternehmen
potenzielle Nutzer finden kann und wie sie auf die angebotene Lösung reagieren. Inhalt-
lich sollte das Event selbst zumindest etwas Inhalt für die Nutzer bieten und möglicherweise sogar einen Experten zu Wort kommen lassen. Das Event selbst kann auf vielerlei
Arten ausgestaltet werden. Das Unternehmen kann während des Events selbst mit einigen

Usern interagieren, es können aber auch individuelle Beratungstermine mit den interessierten Nutzern vereinbart werden. Wichtig ist, das Event möglichst interaktiv zu gestalten und alle Nutzer miteinzubeziehen. Soll beispielsweise ein Service angeboten werden, der es vereinfacht, in Deutschland ein Unternehmen zu gründen, dann könnte ein Webinar veranstaltet werden mit dem Thema „Unternehmensgründung in Deutschland – Tipps und Tricks", dort wird dann Kontakt mit den interessierten Nutzern aufgenommen und auf diese Weise besser verstanden, wo genau die Probleme liegen.

Für die Validierung eines Problems kann es auch durchaus interessant sein, mit dem Nutzerservice eines Unternehmens in einem ähnlich gelagerten Segment zu sprechen (Peterson 2017). Üblicherweise sind sehr viele Informationen in den Gesprächen mit Nutzern enthalten, was bei der Suche nach einem neuen Problem hilfreich sein kann. Dabei kann das Aufzeichnen von Gesprächen von Vorteil sein, aber bei den Gesprächen selbst einfach zuzuhören ist schon zweckmäßig. Der Nutzerservice muss häufig für Probleme Abhilfe leisten, die vom Produkt gegenwärtig noch nicht gelöst werden. Für den Nutzerservice selbst ist das teilweise frustrierend, aber auf diese Weise kann ein Ansatz für ein neues Produkt gefunden werden. Sofern es nicht möglich ist, aufgezeichnete Gespräche zu hören, bietet es sich an, einen Musterbogen zu entwerfen, den der Nutzerservice dann nach jedem durchgeführten Anruf ausfüllt.

Einen guten Einblick in ein Problem können auch Foren wie Quora oder Reddit geben, die sich mit einem bestimmten Thema beschäftigen (Peterson 2017). Für jede Nische kann das Unternehmen hier sehr viel über potenzielle Nutzer lernen und verstehen, was diese frustriert, freut oder beschäftigt, lernt womöglich sogar die gängige Terminologie kennen und kann darauf basierend das Wertversprechen des eigenen Produkts austesten. Über die eigene Teilnahme an einem Forum können Fragen oder Behauptungen aufgestellt werden oder das Unternehmen kann sogar individuell mit einzelnen Nutzern von Foren in Kontakt treten.

Ein etwas aufwendigerer Weg ist die Erstellung eines eigenen Blogs (Hoover 2013). Dabei sollte das Thema des Blogs sehr nahe am eigenen Produkt sein und möglichst sogar die Frustration über ein Problem wiedergeben. Auch hier ist es möglich, das Produkt auf vielen neuen Plattformen anzubieten und direktes Feedback zum Thema zu erhalten, wobei die Erstellung von Inhalten und die Erreichung von Nutzern durch organisches Wachstum/Marketing dabei wohl recht aufwendig sind und länger dauern werden. Interessanterweise wurde das Unternehmen Groupon, das heutzutage über 2000 Mitarbeiter und einen Umsatz von mehr als zwei Milliarden US-Dollar pro Jahr erwirtschaftet, tatsächlich über einen Blog gestartet. Das Geschäftsmodell von Groupon ist, sehr aktuelle Rabatte von verschiedenen Unternehmen anzubieten. Bevor diese Rabatte mittels einer Mobile App direkt dem Nutzer angeboten wurden, gab es einen Blog, der von den Gründern betrieben wurde und auf dem sie täglich aktuelle Rabatte posteten. Auf diese Weise validierten sie ihre Idee und das Problem, das sie damit lösen wollten.

12.2   Marktvalidierung

Die Einschätzung und Beurteilung des Marktes macht einen großen Teil von frühen Pitch Decks von Start-ups aus. Oft wird der Großteil der Vorstellung des eigenen Unternehmens damit verbracht zu erklären, wie groß der adressierte Markt ist und wie viel mit dem vorgestellten Produkt erreicht werden kann. Dies wirkt auch wie der natürliche nächste Schritt nach der Validierung des Problems. Natürlich muss das Problem überhaupt existieren, aber es ist danach genauso wichtig, wie viele Nutzer dieses Problem haben, denn sonst lohnt es sich nicht, das Problem überhaupt anzugehen und zu lösen. Insbesondere, wenn das Unternehmen das Ziel verfolgt, Wagniskapital aufzunehmen, um weiter zu wachsen, ist es von entscheidender Bedeutung zu verstehen, wie groß der Markt für das Produkt ist, denn genau dieser Punkt ist auch für Wagniskapitalgeber relevant.

Dabei geht es auch schon darum, konkrete Fragen anzusprechen wie beispielsweise, aus welchem Segment potenzielle Nutzer überhaupt kommen sollen und was das für den möglichen Umsatz des Unternehmens bedeutet. Es ist wichtig, nicht nur mögliche bereits existierende Märkte zu analysieren, sondern auch neue Märkte zu entdecken und vorzustellen. Diese Analyse ist ein zentrales Element bei der Aufstellung eines ersten groben Geschäftsplans, der die Zukunft des eigenen Unternehmens vorgibt.

Ein gutes Experiment, um den Markt selbst zu überprüfen und zu analysieren, ist es, Werbung dafür zu schalten (Jacobsen 2011). Dafür eignen sich sowohl Offline-Werbung als auch skalierbare Online-Marketingkanäle wie Google Ads und Facebook Ads. Dabei kann nicht nur das Wertversprechen des eigenen Produkts selbst mit verschiedenen Varianten der Werbung getestet werden, sondern es wird auch der nähere Kontakt mit den Nutzern ermöglicht. Der Vorteil bei Werbeplattformen wie denen von Google und Facebook ist, dass sie automatisch testen, welche Art der Produktplatzierung beim Nutzer am besten ankommt. Das allein liefert bereits enorm viele Erkenntnisse zum potenziellen Markt. Außerdem liefern Werbeplattformen auch Resultate in Form von verschiedenen Kennzahlen, die ebenfalls einen guten Überblick darüber geben, wie groß der Markt ist und mit welcher Ansprache man die Nutzer am besten erreicht.

Ähnlich verhält es sich mit der Analyse von Trends und Keywords in verschiedenen von Google bereitgestellten Tools, um zu verstehen, wie groß ein Marktsegment ist (Daniell 2019). Dort zeigt sich, ob es einen bestimmten Trend für einen Begriff gegeben hat und in welche Richtung dieser Trend geht. Die Nutzung dieser Tools ist kostenlos und erfordert nicht viel Aufwand. Das Ergebnis kann dann zur Argumentation der Größe des Marktes genutzt werden. Ein schöner Nebeneffekt dieser Analyse ist, auch potenzielle Mitbewerber zu finden, die ebenfalls auf diese Keywords bieten, und festzustellen, ob eine gewisse Saisongebundenheit im Markt für das Produkt existiert. Genauso lässt sich dabei feststellen, ob das Produkt eventuell sogar eine geografische Auffälligkeit aufweist und vielleicht in ländlichen Gebieten häufiger gesucht wird als in städtischen Gebieten. Mit dem Google Keyword Planner ist es sogar möglich, das gesamte Suchvolumen für einen

Begriff zu erfahren und darauf basierend eine noch genauere Analyse zur Marktgröße durchzuführen. Ebenso ergibt sich daraus, welcher Anteil vom Markt vom eigenen Produkt abgedeckt werden kann und welcher von der Konkurrenz bedient wird.

12.3 Produktvalidierung

Der wichtigste Zeitraum im Leben eines Start-ups ist die Phase, in der es den Product-Market-Fit erreicht. Festzustellen, ob das Problem, das man gebaut hat, auch tatsächlich das identifizierte Problem löst und einen hinreichend großen Markt anspricht, ist entscheidend für die Zukunft des Unternehmens und der Idee. Stellt sich hier heraus, dass dieses Ziel nicht erreicht ist, dann muss das Unternehmen grundlegend seine Strategie ändern. Die gute Nachricht ist allerdings, dass in diesem Stadium noch keine Skalierbarkeit vorhanden sein muss. Alle Produktelemente können getestet werden, ohne darüber nachzudenken, wie man das Produkt auf einen größeren Markt ausrollt oder das Produkt infrastrukturell aufstellt. Dies eröffnet viele Möglichkeiten der Produktgestaltung und der Auswahl der Experimente für die Validierung.

Mit den neuesten Tools kann auf vielerlei Arten ohne großen technischen Aufwand eine erste Version des Produkts gestaltet werden. Hierfür wird keine Entwickler-Arbeit benötigt und es sollte keine Software geschrieben werden, bevor das Produkt nicht validiert ist. Die auf dem Markt vorhandenen Tools sollten unbedingt zur Erstellung der ersten Version genutzt werden. Dabei ist zur Unterscheidung wichtig, dass es sich bei dem Produkt dann sehr schnell bereits um ein MVP und nicht um ein Produkt handeln sollte. Beim Prototyp geht es eher darum, dem Nutzer visuell zu zeigen, wie ein Produkt final aussehen könnte, und ihm zu erklären, wie man es nutzt. Das MVP ist allerdings bereits in der Lage, die wichtigsten Funktionen des finalen Produkts auszuführen. Der Nutzer kann damit das Produkt bereits nutzen und das Unternehmen sieht erste Interaktionen des Nutzers mit dem Produkt. Wie bereits erwähnt, gibt es viele Möglichkeiten, diese Art von MVP zu erstellen. Hier sind drei grundsätzliche Typen zu unterscheiden: das Concierge MVP, das Wizard of Oz oder das Piecemeal MVP (siehe Abb. 12.2).

Das Concierge MVP ist vermutlich die simpelste Version eines MVPs (Stotz 2020). Es zeichnet sich dadurch aus, dass die Kernfunktion des Produkts nicht automatisiert, sondern durch Menschenhand ausgeführt wird. Diese Art der Produktentwicklung, auch wenn es um neue Funktionen eines bereits bestehenden Produkts geht, ist von Vorteil. Das Wertversprechen, das hinter dem neuen Produkt steht, sollte ohne Hinweis auf ein noch nicht vorhandenes Produktelement dargestellt werden. Wenn ein Nutzer nun dieses Produkt nutzen möchte, dann sollte er allerdings nicht einfach die Funktion des Produkts sehen oder sie nutzen können, sondern direkt mit einem Menschen verbunden werden, zum Beispiel in Form eines Chatbots. Wenn sich der Nutzer interessiert zeigt, dann wird er an einen Chatbot weitergeleitet, der dann die gewünschte Funktion ausführt. Der große Vorteil bei

Concierge MVP	Wizard of Oz MVP	Piecemeal MVP
Ein Produkt oder Feature wird vollständig manuell zur Verfügung gestellt	Ein Produkt oder Feature wird manuell ausgeführt, dies ist für den Kunden nicht sichtbar	Ein Produkt oder Feature wird aus bereits existierenden Tools erstellt und dem Kunden gezeigt

Abb. 12.2 Die verschiedenen MVPs

dieser Herangehensweise ist, dass das Unternehmen zusätzlich lernt, wie der Nutzer über dieses Produkt denkt und wie es am besten für ihn gebaut wird. Es reicht im einfachsten Fall aus, nur eine einzige Website zu erstellen und danach mit dem Nutzer mittels Chatbot zu interagieren. Die Produktfunktion wird dann durch einen Menschen überbrückt.

Ähnlich wie das Concierge MVP funktioniert auch das Wizard of Oz MVP (Stotz 2020), lediglich mit dem Unterschied, dass dem Nutzer eigentlich gar nicht klar wird, dass er gerade von einem Menschen bedient wurde. Es wird sozusagen eine automatisierte, technische Lösung vorgetäuscht, die es eigentlich in der Form noch nicht gibt. Natürlich ist diese Form ebenfalls nicht skalierbar, gibt allerdings ein noch stärkeres Signal, dass der Nutzer die Funktion nutzen will und dazu, ob er mit ihr zufrieden ist. Werden alle Funktionen des Produkts manuell geführt, hat dies den Vorteil eines besseren Verständnisses der technischen Probleme und Herausforderungen, um sie bei der finalen Entwicklung besser adressieren zu können.

Zappos

An dieser Stelle soll die Geschichte von Zappos als das berühmteste Beispiel für ein Wizard of Oz MVP erzählt werden (Cooper und Vlaskovits 2016). In einer frühen Phase des Internets wollte der Gründer von Zappos herausfinden, ob Menschen Schuhe online kaufen. Dafür baute er eine Website. Das Besondere: Er kaufte nicht zuerst Schuhe ein, die er verkaufen möchte, sondern er ging in einen Laden fotografierte dort alle Schuhe. Diese hat er dann auf seiner Website gezeigt und den Nutzern angeboten. Wenn der Nutzer diese Schuhe nun gekauft hat, dann bekam er eine ganz normale Bestätigungs-E-Mail, dass seine Schuhe unterwegs sind. Diese Bestellung bedeutete aber für den Zappos-Gründer, dass er sich auf den Weg zum Laden machen musste, die Schuhe erst für seinen Nutzer einkaufte und verschickte. Er konnte also so bestens nachvollziehen, wie das Produkt und die Interaktion seiner Nutzer mit dem Produkt funktionieren, bevor er das Produkt skalierbar aufbaut. ◄

Eine weitere ähnliche MVP-Version ist das Piecemeal oder Mashup MVP (Stotz 2020). Dabei ist das MVP vollständig funktionabel, wurde aber aus verschiedenen Drittanbieter-Tools erstellt. Statt also selbst Software zu schreiben, werden verschiedene Tools, die bestimmte Funktionen ermöglichen, integriert und so verbunden, dass sie den Eindruck eines eigenen Produkts erwecken. Immer leistungsfähigere und flexiblere APIs spielen hierbei eine wichtige Rolle. Für die Verbindung zwischen den verschiedenen Lösungen können Automatisierungstools wie Zapier oder IFTTT verwendet werden. Die Branding-Varianten der einzelnen Tools ermöglichen es, eine Erfahrung für den Nutzer zu erschaffen, die ihn glauben lässt, er befände sich die ganze Zeit im gleichen Produkt. Insbesondere komplexe No-Code Tools wie beispielsweise Bubble oder Adalo beinhalten noch viel mehr derartiger Lösungen und noch viele weitere Wege, ein sehr umfangreiches MVP für den Nutzer anzubieten.

Die wohl am häufigsten erwähnte Methode, um den Product-Market-Fit festzustellen und ein Produkt zu validieren, ist der 40 %-Test, auch Sean-Ellis-Test genannt (Mktarian 2020) (siehe Abb. 12.3). Dabei wird einer möglichst großen Anzahl an Nutzern die Frage gestellt: „Wie enttäuscht wärst du, wenn unser Produkt nicht mehr existieren würde?" Als Antwortmöglichkeiten werden „Sehr enttäuscht", „Ein wenig enttäuscht", „Nicht enttäuscht" und „Ich benutze es nicht mehr" angeboten. Antworten mehr als 40 %, dass sie sehr enttäuscht wären, dann ist laut Ellis von einem Product-Market-Fit auszugehen. Ellis macht dabei auch noch ein paar Vorgaben, die die jeweiligen Nutzer zu erfüllen haben. Sie sollten die wichtigste Funktion des Produkts bereits kennengelernt haben, sie sollten das Produkt mindestens zweimal benutzt haben und sie sollten das Produkt innerhalb der letzten zwei Wochen einmal genutzt haben. Damit wird sichergestellt, das relevante Segment der Nutzer zu befragen. Aus einer Untersuchung von Buffer geht sogar hervor, dass es manchmal lediglich 40 bis 50 Antworten braucht, um statistische Signifikanz bei diesem Test zu erreichen.

Wie enttäuscht wärst du, wenn unser Produkt nicht mehr existieren würde?	
A	Sehr enttäuscht
B	Ein wenig enttäuscht
C	Nicht enttäuscht
D	Ich benutze es nicht mehr

Abb. 12.3 Sean-Ellis-Test

Entscheidend ist, nach dem Test nicht aufzuhören, mit dem Nutzer zu interagieren. Insbesondere die Nutzer, die nicht enttäuscht wären oder das Produkt sogar nicht mehr benutzen, sollten idealerweise in einer kurzen Erklärung darlegen, warum sie es nicht mehr nutzen. Nur so können möglicherweise Unzulänglichkeiten des Produkts bearbeitet werden und das Unternehmen dem Nutzer eine bessere Erfahrung bieten.

12.4 Validierung der Zahlungsbereitschaft

Ein weiterer Moment der Wahrheit für viele neue Produkte steht an, wenn zum ersten Mal vom Nutzer Geld verlangt wird. An dieser Stelle zeigt sich, ob der Nutzer wirklich Geld für das Produkt ausgeben wird oder nur bereit ist, es in einer kostenlosen Version zu nutzen. Oft antworten Nutzer sogar in Umfragen, dass sie bereit wären, für das Produkt zu zahlen, entscheiden sich dann aber, wenn es darauf ankommt, doch noch anders. Dementsprechend ist es schwierig, diesen weiteren Meilenstein des Produkts klar zu validieren. Es gibt aber einige Methoden, die einen guten Eindruck über die Zahlungsbereitschaft geben können.

Die Dry-Wallet-Methode täuscht die Zahlung des Nutzers einfach vor (Cooper und Vlaskovits 2016). Hier wird genau darauf geachtet, eine reale Zahlungsseite mit verschiedenen Preis-Optionen anzuzeigen, die dem Nutzer zur Verfügung stehen. Dies ist insbesondere hilfreich, weil es manchmal sehr aufwendig sein kann, Zahlungen beim eigenen Produkt zu ermöglichen. Wichtig ist bei diesem Versuch, alle rechtlichen Herausforderungen abzuklären und sicherzustellen, ob dies mit möglichen Datenschutzrichtlinien vereinbar ist. Weiterhin sollte der Zahlungsprozess so echt wie möglich dargestellt werden. Dazu zählt auch, die realen Zahlungsdaten des Nutzers soweit rechtlich möglich aufzunehmen. Wenn der Nutzer bereits derart weit im Prozess fortgeschritten ist, dann kann dies womöglich zu Frustration führen, wenn er letztlich nicht zum Produkt gelangt. Deshalb sollte auch an einer positiven Nutzererfahrung nach der Zahlung gearbeitet werden. Es kann beispielsweise dem Nutzer angezeigt werden, dass die Auslieferung nicht möglich ist, ihm aber bereits ein Datum in der Zukunft genannt werden, an dem es wieder möglich ist, das Produkt zu erhalten. Zusätzlich könnte der Nutzer das Produkt zum späteren Zeitpunkt billiger erhalten.

Ähnlich funktioniert die Vertragsunterzeichnung, bei der der Nutzer einen Vertrag zum Kauf des Produkts unterschreibt und versichert, dass er dieses in der Zukunft erwerben möchte (Kromer 2018). Diese Methode hat den Vorteil, dass eigentlich noch kein eigentliches Produkt existieren muss, das Produkt lediglich beschrieben oder vorgestellt werden kann und beim Nutzer bereits eine gewisse Bindung an das Unternehmen erzeugt werden kann. Auch hier sollten die rechtliche Bindungswirkung des Vertrags und die Konsequenzen eines Rücktritts geklärt werden.

Sehr ähnlich, aber mit etwas geringerer Bindungswirkung funktioniert das Pre-order Experiment (Kromer 2018). Hier wird das Produkt auch lediglich beschrieben oder öffentlich vorgestellt. Es kann entweder das Kaufinteresse des Nutzers lediglich mittels einer

Umfrage abgefragt werden oder es kann sogar mit einem Rabatt das Produkt selbst ange-boten werden. Dann würde der Nutzer sogar schon zahlen und seine Zahlungsbereitschaft sehr stark validieren. Viele der neueren Tools ermöglichen es heutzutage auf einfache Art und Weise, Pre-orders von Nutzern einzuholen ohne großen technischen Aufwand.

Literatur

Cooper B, Vlaskovits P (2016) The lean entrepreneur: how visionaries create products, innovate with new ventures, and disrupt markets. Wiley, New York City

Daniell T (2019) How to use Google Trends to evaluate your startup idea market. https://medium.datadriveninvestor.com/how-to-use-google-trends-to-evaluate-your-startup-idea-market-4a638cbf2f60. Zugegriffen am 22.10.2021

Fitzpatrick R (2013) The mom test: How to talk to customers & learn if your business is a good idea when everyone is lying to you. CreateSpace Independent Publishing Platform, New York City

Hoover R (2013) Five successful startups that started as blogs. https://www.fastcompany.com/3015976/why-these-5-successful-startups-started-as-blogs. Zugegriffen am 22.10.2021

Jacobsen H (2011) How to test your advertising quickly, cheaply, and effectively. https://hbr.org/2011/10/the-fastest-cheapest-best-way. Zugegriffen am 22.10.2021

Kromer T (2018) The real startup book. https://kromatic.com/real. Zugegriffen am 22.10.2021

Mktarian R (2020) Using Sean Ellis test for measuring your product/market fit. https://productcoalition.com/using-sean-ellis-test-for-measuring-your-product-market-fit-c8ac98053c2c. Zugegriffen am 22.10.2021

Peterson J (2017) User research when you can't talk to your users. https://alistapart.com/article/user-research-when-you-cant-talk-to-your-users/. Zugegriffen am 22.10.2021

Reddy V (2020) What is a 5-second user test and how can it help you in the design process? https://uxdesign.cc/what-is-a-5-second-user-test-and-how-can-it-help-you-in-the-design-process-4cc43c88e1ad. Zugegriffen am 22.10.2021

Stotz N (2020) Building a referral feature – MVP style. https://nils-stotz.medium.com/building-a-referral-feature-mvp-style-ef66f9c39319. Zugegriffen am 22.10.2021

Teil V

Praktische Beispiele

Die letzte Sektion widmet sich einigen Beispielen direkt aus der Praxis von Unternehmen, die Experimente als Strategie verwenden. Insbesondere wird auf neue und junge Unternehmen mit wenigen Nutzern eingegangen und wie auch hier Experimente genutzt werden können. Abschließend wird ein typisches Projekt beschrieben und folgen einige praktische Tipps.

Praktische Tipps

13

13.1 Einführung

Aus meiner eigenen Erfahrung kenne ich die Hindernisse auf dem Weg zu einer datengetriebenen Organisation sehr gut. Natürlich reicht das Wissen um den Vorteil von Experimenten nicht aus, um eine vollkommen neue Methodik in einem bestehenden oder neuen Unternehmen einzuführen. Doch es gibt Wege, die ich im Laufe der Zeit kennengelernt habe, die meist am besten funktionieren und das gewünschte Umdenken hervorrufen. Ich unterscheide dabei in drei verschiedene Bereiche. Einerseits gibt es die Start-ups im B2C-Bereich, also junge Unternehmen, die noch nicht viele Nutzer haben, sich aber direkt an Konsumenten richten. Andererseits gibt es Start-ups im B2B-Bereich, hier richtet sich das Produkt des Start-ups an Unternehmernutzern. Die dritte große Gruppe sind etablierte Unternehmen, die bereits seit vielen Jahrzehnten bestehen und eine große Anzahl an Nutzer haben.

13.2 Start-ups im B2C-Bereich

Die zwei größten Umsetzungsprobleme von Experimenten und Tests bei B2C-Start-ups sind die geringe Anzahl an Nutzern und mangelnde Anzahl an umsetzbaren Experimenten. Ersteres zielt darauf ab, dass noch nicht viele Nutzer im Produkt selbst unterwegs sind. Das bedeutet, dass es vielleicht ein Produkt mit weniger als 1000 Nutzern ist. Hier macht es tatsächlich wenig Sinn, in eine große Plattform zu investieren, die das Experimentieren ermöglicht. Außerdem wird es kaum möglich sein, mit einer so geringen Anzahl von Nutzern statistische Signifikanz in den relevanten Tests zu erreichen. Behauptungen dieser Art werden häufig benutzt, um eben nicht analytisch und mithilfe von Experimenten und

N. Stotz, *Experimentelle Produktentwicklung*,
https://doi.org/10.1007/978-3-662-65467-5_13

Hypothesen zu arbeiten, sondern vielmehr der eigenen Intuition zu vertrauen und einfach neue Elemente an das Produkt zu bauen.

Was dabei gern vergessen wird ist, dass das Produkt selbst eigentlich fast schon die letzte Stufe in der Nutzererfahrung des Nutzers ist. Regelmäßig werden B2C-Start-ups eine Vielzahl von Online-Marketingkanälen benutzen, um neue Nutzer zu gewinnen. Diese Kanäle ermöglichen es selbst sehr jungen Unternehmen, mit einem geringen Marketingbudget das Produkt an sehr viele Nutzer auszuspielen. Die gängigsten Marketingkanäle sind Facebook Ads und Google Ads. Für diese beiden Kanäle wird der Tausendkontaktpreis (TKP) mit jeweils weniger als zehn Euro (Facebook) bzw. zwei Euro (Google) angegeben. Es kostet also bei den größten Werbeplattformen der Welt nur zehn Euro bzw. zwei Euro, um mit Tausenden von Nutzern in Kontakt zu treten. Und genau an dieser Stelle kann bereits angesetzt werden, das Produkt auszutesten und A/B-Tests zu starten, etwa verschiedene Elemente bei Facebook Ads.

Bei der Erstellung einer Facebook-Kampagne gibt es in einem ersten Schritt das Ziel der Facebook-Ads-Kampagne. Hier wird bestimmt, ob das Ziel eher sein soll, Daten des Nutzers einzusammeln, dass er die eigene Website besucht oder sogar, dass er direkt in das Produkt konvertiert. All diese verschiedenen Ziele haben unterschiedliche Auswirkungen auf den Algorithmus der Facebook-Kampagne. Insgesamt gibt es derzeit elf verschiedene Kampagnenziele. Je nach Geschäftsmodell des Start-ups kann jede einzelne miteinander verglichen werden.

Die zweite zu testende Variable ist die Audience, also zu bestimmen, wer genau die Facebook Ad sehen kann. Facebook erlaubt es, die Umgebung, in der die Werbung ausgespielt wird, sehr genau anzugeben. Außerdem können das Alter, das Geschlecht und die Sprache der Audience angegeben werden. Diese demografischen Daten sind sehr grob, Facebook erlaubt es wirklich, unzählige Faktoren zu benutzen, um die Audience besser einzuschränken. An dieser Stelle zeigt sich, wie hilfreich das Experimentieren in diesem Bereich sein kann. Bestimmte Hypothesen über die Persona des Produkts können sehr gut ausgetestet werden. Beispielsweise könnte eine Hypothese sein, dass die Persona, die für das eigene Produkt angenommen wird, gerne Rock Musik hört. Dann kann die Werbung an Nutzer ausgespielt werden, die auch „Rammstein" gelikt haben. Wird damit ein positiver Effekt erzielt, dann stimmt die Hypothese über die Persona.

Die dritte Variable ist die Facebook-Werbung selbst. Allein die Werbung ohne die beiden zuvor beschriebenen Elemente ist eine große Chance, viele Tests und Experimente zu unterhalten. Es können die Überschriften verändert werden, es könnte die Länge des Textes angepasst oder das kreative Element der Facebook Ad variiert werden. Das heißt, es sind nicht nur verschiedene Bilder möglich, sondern auch, beispielsweise statt des Bildes ein Video zu verwenden. Insbesondere die Art der Ansprache kann hier getestet werden: Macht es mehr Sinn, das Produkt vorzustellen und zu erklären, oder sollte lieber darauf geachtet werden, dass der Nutzer selbst angesprochen und sein Problem noch einmal hervorgehoben wird? All dies kann zusätzlich untersucht werden.

Allein diese eine Marketingplattform birgt also Tausende von Möglichkeiten, Experimente durchzuführen und darzustellen. Doch Facebook und Google sind natürlich nicht die einzigen Plattformen. Es gibt immer neue aufstrebende Plattformen, auf denen ebenfalls Werbung geschaltet werden kann. Plattformen wie Reddit, Quora, Pinterest oder Snapchat haben alle über 300 Millionen aktive Nutzer pro Monat und bieten verschiedene Plattformen an. Es gibt also allein bei den Marketingplattformen eine Vielzahl unterschiedlicher Konkurrenten, die gegeneinander ausgetestet werden und durch die das eigene Produkt bzw. das Marketing zum Produkt verbessert werden können.

Doch an dieser Stelle ist noch nicht Schluss. Denn bei der Werbeplattform muss der Marketer auch immer bestimmen, wo die Werbung den potenziellen Nutzer hinführt. Häufig wird direkt auf eine Landing Page oder eine Homepage geführt, die den Nutzer dann noch näher an das Produkt führen kann. Auch diese Landing Page kann angepasst werden. Viele Tools wie beispielsweise Unbounce oder Instapage machen es sehr einfach, verschiedene Landing Pages auszutesten und dem Nutzer verschiedene Wertversprechen zu geben. Allein bei der Landing Page gibt es noch einmal Tausende Möglichkeiten, verschiedene Tests durchzuführen und die Landing Page auf verschiedene Nutzer zuzuschneiden.

Die Werbung muss allerdings nicht zwangsläufig auf eine Landing Page führen. Wie ist es, einfach das Element Landing Page auszutauschen? Stattdessen könnte ein Beratungsgespräch zum Produkt offeriert werden. Der Nutzer könnte auch nicht auf eine Landing Page geschickt werden, sondern ihm stattdessen ein kostenloses E-Book angeboten werden, für das er sich registrieren muss. Vielleicht bietet es sich sogar an, ein Online-Webinar zu veranstalten, bei dem über das Produkt informiert wird und für das sich der Nutzer kostenlos registrieren kann. Falls eine App bereits vorhanden ist, kann der Nutzer auch direkt in die App geführt werden.

Diese Ausführungen sollen zeigen, wie groß das Feld für Experimente und Tests gerade im Marketing ist. Die verschiedenen Tests, die hier durchzuführen sind, dauern nicht lange und sind mit den vorhandenen Tools auch einfach umzusetzen. Auch die Kosten sollten selbst für ein sehr kleines Start-up keine Herausforderung darstellen. Der größte Aufwand bei dieser Art von Experimenten ist wohl das Analysieren der Ergebnisse. Häufig werden bestimmte Nutzerverhalten nicht aufgezeichnet und sie sind nirgends festzuhalten oder es ist für den Marketer zu aufwendig oder kompliziert, bestimmte Tests miteinander zu vergleichen.

Doch genau diese Art der Darstellung ist das wichtigste Element, wenn es darum geht, eine datengetriebene Kultur zu erschaffen. Man stelle sich beispielsweise vor, dass ein Start-up verschiedene Marketingkanäle testen möchte, etwa Google, Facebook und Quora. Bei all diesen Kanälen werden möglichst alle Elemente der Ads gleich gehalten und dasselbe Budget angelegt. Als Ziel der verschiedenen Kampagnen dienen die Registrierungen in der mobilen App des Unternehmens. Die Herausforderung für den Marketer ist es nun darzustellen, wie sich die einzelnen Tests verhalten haben. Wie viele Nutzer konnten auf den jeweiligen Plattformen erreicht werden? Wie viele davon konnten auf die Website weitergeleitet werden? Und wer hat sich schließlich in der Mobile App registriert? Zwar gibt es ein paar Elemente dieser Tests, die wohl nicht den wissenschaftlichen Anforderungen an einen randomisierten Test genügen würden. Aber es wird anschaulich dargestellt, wie ein Marketer analytisch und datengetrieben arbeiten kann.

Diese Art der Durchführung von Marketing-Experimenten hat das Ziel, eine Kultur zu erschaffen, in der es nicht um subjektive Meinungen und Einschätzungen geht, sondern in der alle möglichen Ideen einfach ausprobiert und überprüft werden können. Das macht das Unternehmen in diesem Stadium auch schneller. Natürlich gibt es verschiedene Meinungen dazu, wie eine Facebook Ad und besonders das Bild dieser Ad aussehen soll, aber es sollte keine Zeit damit verschwendet werden, derlei auszudiskutieren. Vielmehr sollten beide Varianten getestet und anschließend die verschiedenen Ergebnisse präsentiert werden. Diese Vorgehensweise vermeidet Konflikte.

Von dieser Art der analytischen Marketingentwicklung sollte auch das Produkt selbst inspiriert werden. Wie bereits erwähnt, ist es zu Beginn nicht möglich, groß angelegte Experimente im Produkt durchzuführen. Wenn das Unternehmen jedoch erfolgreich ist und lange genug besteht, um eine große Nutzerzahl zu schaffen, dann können diese Experimente genauso in das Produkt weitergetragen werden. Wichtig ist es, für diese Art von Darstellung im Unternehmen Platz zu schaffen und den Sinn und die Ergebnisse dieser Experimente zu präsentieren.

Interessanterweise verdeutlicht diese Argumentation auch, warum der für die Experimente verantwortliche Produktmanager zu Beginn eher für den Marketingbereich zuständig sein wird und erst mit zunehmender Nutzerzahl näher an das Produkt rückt und seine Experimente eher in das Produkt selbst und nicht auf die Marketingkanäle verlegt. Entscheidend ist dann, dass die Erkenntnisse über den Nutzer aus den Marketingkanälen auch genutzt werden, um das Produkt für diese Nutzer weiterzuentwickeln.

13.3   Start-ups im B2B-Bereich

Auch bei Start-ups im B2B-Bereich werden häufig Umsetzungsprobleme geschildert, die daher rühren, dass hier noch dazukommt, dass es grundsätzlich noch weniger potenzielle Nutzer als beim direkten Konsum von Produkten gibt. Schließlich geht es darum, Unternehmen vom eigenen Produkt zu überzeugen und nicht einzelne Konsumenten.

Auch bei diesen Unternehmen gilt das, was zu den B2C-Unternehmen erläutert wurde. Die einzige Besonderheit ist, dass es bei B2B-Unternehmen häufig andere Marketingkanäle besonders zu Beginn des Start-ups gibt. Häufig ist es in der frühen Phase nicht angebracht, viel Geld für Online-Marketing auszugeben, stattdessen werden eher E-Mails oder LinkedIn-Anfragen an potenzielle Nutzer gesendet. Doch auch hier handelt es sich um Plattformen, die sich genauso für das Experimentieren eignen wie die zuvor genannten Marketingplattformen.

Bei LinkedIn-Anfragen kann ebenfalls zwischen verschiedenen Arten der Ansprache gewählt werden. Zum einen kann direkt eine Verbindung mitsamt einer Vorstellung des Produkts verbunden werden, zum anderen kann versucht werden, auf die Eigenschaften des potenziellen Nutzers in der Anfrage einzugehen. Kurz: Auch hier gibt es unzählige Möglichkeiten, mit den einzelnen Elementen der Plattform zu experimentieren.

Und auch hier ist die Darstellung wichtig, denn beispielsweise könnte eine Gruppe von jeweils 1000 Nutzern aufgeteilt und die möglichst identische Nachricht einmal via E-Mail und einmal via LinkedIn geschrieben werden. Wie erfolgreich die jeweilige Kampagne war, ist aufgrund dessen miteinander vergleichbar. Und auf die bessere Art der Ansprache wird dann in Zukunft gesetzt.

Neben diesen Möglichkeiten ist immer wieder zu betonen, dass das Unternehmen diese Art der Offenheit für neue Elemente auch intern leben muss. Sei es beispielsweise, dass manche Mitarbeiter des Unternehmens gerne mit einem anderen Kommunikationstool arbeiten möchten, mit Microsoft Teams anstelle von Slack. Statt hier einfach abzustimmen, soll der Minderheit eine Chance gegeben werden und es wird also eine Woche mit Slack und eine andere mit Teams gearbeitet. Anschließend wird darüber abgestimmt, welches Tool besser für das Unternehmen ist. Natürlich gibt es auch hier wieder viele Dinge, die methodisch zu bemängeln sind und die den wissenschaftlichen Ansprüchen an ein Element nicht standhalten würden. Doch wieder geht es hier um eine Auffassung der Unternehmenskultur, die geteilt werden sollte.

13.4   Etablierte Unternehmen

Die wohl größte Herausforderung ist es, in einem etablierten Unternehmen zu arbeiten, das eine Kultur der Experimente ignoriert und nicht fördert. Zwar sollte hier erwähnt werden, dass Firmen wie Amazon, Facebook, Google und Airbnb ebenfalls etabliert sind. Sie wurden aber auch erst in jüngster Zeit gegründet im Unterschied zu anderen Unternehmen wie beispielsweise Versicherungsunternehmen, die seit vielen Jahrzehnten mit dem identischen Geschäftsmodell ihr Unternehmen betreiben.

Es ist nicht einfach, einen pauschalen praktischen Tipp zu geben, wie diese Unternehmen es letztlich schaffen, eine neue Kultur zu erschaffen und zu leben, ähnlich der Frage, wie das Unternehmen innovativer werden kann. Folgendes gilt jedoch immer für den einzelnen Mitarbeiter: Es mag vorkommen, dass unternehmerisches Denken oder experimentbasiertes Arbeiten in bestimmten Positionen im Unternehmen keine Wertschätzung erfährt. Dies mag auch am derzeitigen Management des Unternehmens liegen. Jedoch wird es immer Bereiche geben, in denen diese Art zu arbeiten wertgeschätzt wird und auch gewünscht ist. Diese Bereiche müssen unterstützt werden, mehr Aufmerksamkeit erhalten und auf ihre Ergebnisse aufmerksam machen. Die Kommunikation dieser Denkweise wird das Unternehmen zwangsläufig zu einem Umdenken führen, und irgendwann gibt es vielleicht ein anderes Management, das für die experimentelle Denkweise empfänglicher ist.

Struktur eines Projekts in der frühen Unternehmensphase

14

14.1 Einführung

Im Folgenden wird ein häufig in der frühen Phase eines Start-ups vorkommendes Projekt, näher betrachtet und einzelne Schritte besprochen, um dieses Projekt zu strukturieren. Es handelt sich dabei um ein Optimierungsprojekt, das von zentraler Bedeutung für das betroffene Unternehmen ist. Das Unternehmen, von dem ausgegangen wird, hat sowohl eine Website als auch eine Mobile App und beschäftigt ungefähr zehn Mitarbeiter. Zwar sind viele Prozesse noch nicht etabliert und es gibt noch kein klares Produktmanagement, aber das Unternehmen hat es geschafft, einen konstant hohen Zufluss an neuen Nutzern zu erzeugen.

14.2 Problem-Statement und Zieldefinition

Bei einer Besprechung der wichtigsten Kennzahlen wird dem Management des Unternehmens klar, dass weniger Nutzer sich in der Mobile App registrieren als ursprünglich im Business Plan angenommen. Dies wird auch als zentrales Problem gesehen, denn die Nutzer haben bereits einen Vertrag mit dem Unternehmen geschlossen und zahlen monatlich Gebühren, um das Produkt nutzen zu können. Es macht also nicht wirklich Sinn, dass die Nutzer die Mobile App nicht nutzen, denn diese stellt das Produkt für den Nutzer in moderner Art und Weise dar und ist so für den Nutzer immer zugänglich. Der Nutzer hat also keine Nachteile, sich in der Mobile App zu registrieren und diese zu nutzen. Für das Unternehmen ist die Registrierung in der App allerdings von großer Bedeutung, denn eine zentrale Hypothese des Geschäftsmodells ist, dass das Unternehmen weitere Produkte entwickelt, die sich dann in der Mobile App besonders einfach verkaufen lassen, weil

N. Stotz, *Experimentelle Produktentwicklung*, https://doi.org/10.1007/978-3-662-65467-5_14

damit ein leichter Zugang zu den Nutzern besteht. Liegt also die Registrierung in der App deutlich unterhalb der angenommenen Rate, die im Business Plan angenommen wurde, ist dies problematisch, denn letztlich haben viele Kapitalgeber an diese im Geschäftsplan aufgestellte Hypothese geglaubt und werden sich entsprechend wundern, wenn diese Metrik sich nicht langfristig verbessert.

Das Unternehmen stellt also fest, dass es sich dringend um die Erhöhung dieser Registrierungswerte kümmern muss. Insbesondere wird nochmals genauer nachgeprüft, wie hoch die Rate momentan ist, und es wird von einem Wert von 82 % ausgegangen. Dieser Wert klingt zunächst einmal sehr hoch, weil es aber eine zentrale Hypothese ist, dass alle Nutzer auch die Mobile App nutzen, wurde ursprünglich von einer Rate von nahezu 100 % ausgegangen. Dieser wichtige erste Schritt der Feststellung des gegenwärtigen Zustands ist entscheidend für das weitere Vorgehen. Das Unternehmen und das verantwortliche Team können sich nun an klaren Benchmarks messen lassen. Bei der Formulierung und Strukturierung des Projekts zur Verbesserung dieser Rate ist dieser Wert von zentraler Bedeutung. Die 82 % dienen als Benchmark für das Projekt und es wird eine Erhöhung dieser 82 % um mindestens 10 % erwartet. Es wird von etwa 10 % Verbesserung ausgegangen, weil ich Business Plan eine Rate von 95 % angenommen wurde und eine Abweichung von 3 % als vernachlässigbar betrachtet wird.

14.3 Potenzielle Lösungen und Hypothesen

Ein optionaler Schritt ist es an dieser Stelle, eine Art Problembeschreibung zu erstellen. Darin wird kurz und prägnant noch einmal erklärt, worum es bei dem anstehenden Projekt geht. Insbesondere warum dieses Projekt einen hohen Stellenwert hat und warum es langfristig auch eine hohe Brisanz für das Unternehmen hat, wird noch einmal erläutert und dargestellt. Zuletzt wird auch noch einmal erklärt, welche Benchmarks angenommen werden, wie das Unternehmen diese misst und von welchen Zielwerten es ausgeht. Dieser Schritt ist nicht immer notwendig, eignet sich aber gerade bei einem größeren Team, alle Teammitglieder auf dieselbe Problemstellung zu vereinen, und schafft Transparenz.

Als nächster Schritt in der Strukturierung dieses Projekts ist es wichtig, den gesamten Weg des Nutzers vom ersten Kontakt mit dem Produkt bis hin zur Registrierung in der Mobile App einmal ausführlich aufzuzeichnen. Dabei sollte im Rahmen einer User Journey jeder einzelne Schritt visuell einfach dargestellt werden, um verdeutlichen, welche Schritte der Nutzer durchlaufen muss. Bei der Erstellung dieser User Journey muss nicht mit einer strikten Methodik gearbeitet werden. Es genügt zunächst einmal, die Nutzererfahrung selbst durchzugehen und Screenshots von allen relevanten Schritten anzufertigen. Diese werden dann auf ein digitales Whiteboard wie Miro kopiert und es werden ein paar erklärende Elemente hinzugefügt. Falls möglich kann die Journey auch schon aufgeteilt und verschiedene Teile oder Zuständigkeiten für Teile der Journey identifiziert werden.

Nachdem die User Journey aufgestellt ist, bietet es sich an, mit allen relevanten Ansprechpartnern für die verschiedenen Teile der User Journey zu sprechen. Weil es sich hier um ein recht kleines Unternehmen handelt, wäre es möglich, zunächst das gesamte Team einzuladen. Wichtig ist es hierbei, besonders viel Zeit in die Erklärung der bestehenden User Journey zu investieren. Möglicherweise kann das erste Zusammenkommen sogar genutzt werden, um ausschließlich die User Journey selbst zu besprechen und eventuelle Unklarheiten oder Fragen zum momentanen Verlauf zu klären. Die User Journey sollte dabei als zentrales erstes Dokument genutzt werden als Basis dafür, dass jeder bei der Erstellung möglicher Lösungen mitwirkt. Es könnte beispielsweise ein Online-Tool wie MIRO benutzt werden, um dort die User Journey anzulegen. Nach dem ersten Meeting, bei dem die User Journey ausführlich besprochen worden ist, sollten die Stakeholder ermutigt werden, alle möglichen Lösungen und Hypothesen aufzustellen und zu teilen.

Aufgrund der Besprechung und Vorstellung der User Journey ergeben sich erste Vorschläge, die noch ungeordnet sind. Einmal wird vorgeschlagen, dem Nutzer zusätzliche E-Mails zu schicken, die ihn darauf aufmerksam machen, dass er sich der Mobile App registrieren kann. Momentan wird nur eine einzige E-Mail verschickt und die Vermutung liegt nahe, dass der Nutzer diese vergisst. Gleichzeitig wird jedoch vorgebracht, dass zusätzliche E-Mails eventuell dazu führen könnten, dass der Nutzer verärgert ist und womöglich sogar alle E-Mails abbestellt, was einen zusätzlichen Kommunikationsweg für Marketingmaßnahmen verschließen würde. Weil die E-Mails mit einem Automatisierungstool wie customer.io verschickt werden, ist es recht einfach, zusätzliche E-Mails zu senden. Es kann sogar festgelegt werden, wann diese nach der ersten E-Mail verschickt werden, und es kann sichergestellt werden, dass sie nur verschickt werden, wenn der Nutzer die App tatsächlich noch nicht betreten hat. Diese Maßnahme ist also durch die Nutzung dieses Tools recht einfach durchsetzbar.

Des Weiteren wird die Überlegung vorgestellt, dass Nutzer grundsätzlich sehr viele E-Mails erhalten und deswegen die meisten E-Mails gar nicht mehr beachten. Daher könnte es sich anbieten, einen anderen Kommunikationsweg zu nutzen wie beispielsweise eine SMS. Nach kurzer Absprache wird klar, dass das genutzte E-Mail-Tool nur durch einige Änderungen auch in der Lage ist, SMS zu versenden. Dadurch kommen allerdings auch zusätzliche Kosten zur Versendung der SMS und für die Integration eines neuen Tools auf das Unternehmen zu. Außerdem wird vorgetragen, dass dies möglicherweise eine eher verwirrende und ungewöhnliche Maßnahme ist, weil kaum andere Unternehmen bekannt sind, die eine SMS im Rahmen des Erstkontakts mit dem Produkt nutzen.

Von einem Entwickler wird vorgebracht, dass der momentane Registrierungsprozess in der App sehr umständlich gestaltet ist. Der Nutzer muss die Mobile App direkt im App Store herunterladen und nach der Installation der App all seine Daten erneut eingeben, bevor er sich registrieren kann. Das könnte womöglich einigen Nutzern zu aufwendig sein, weshalb sie die App lediglich herunterladen, aber nicht vollständig aktivieren. Der Entwickler schlägt als Lösung eine Technologie vor, die es ermöglicht, dass der Nutzer allein durch das Klicken auf einen Link all seine Daten bereits in der App eingetragen vorfindet und dort direkt sein Profil angelegt wird. Dies würde den Registrierungsprozess vor allem aus technischer Sicht erheblich verbessern. Allerdings ergeben sich damit auch gleichzeitig Fragen in Bezug auf die datenschutzrechtlichen Bestimmungen und dazu, wie aufwendig es ist, eine solche Technologie einzubauen. Dieser Lösungsvorschlag wird als eher aufwendig eingeschätzt.

Ein weiterer Vorschlag geht auf die momentane Formulierung der E-Mails ein, die an den Nutzer gesendet werden. Zwar wird dort betont, warum es sinnvoll ist, die Mobile App zu nutzen, es wird aber kein Grund genannt, warum es erforderlich ist, diese App auch schnellstmöglich zu benutzen. Nach dem Lift-Modell fehlt also der Aspekt der Dringlichkeit, um den Nutzer dazu zu bringen, dass er auch wirklich sofort einen Grund sieht, die Mobile App zu nutzen. Diese Art von Dringlichkeit kann zum Beispiel durch die Veränderung der Betreffzeile und des Inhalts der E-Mail erzeugt werden, etwa indem behauptet wird, dass der Nutzer seine Mitgliedschaft in der Mobile App bestätigen muss oder dass ein bestimmter Countdown innerhalb von sieben Tagen endet. Diese Vorgehensweise hat allerdings eventuell zur Folge, dass Nutzer sich durch diese Formulierung unter Druck gesetzt fühlen und womöglich sogar keine Lust haben, weiterhin Nutzer zu sein. Zusätzlich wird diskutiert, ob es mit der Marke des jungen Unternehmens vereinbar ist, eine Dringlichkeit zu behaupten, die eigentlich gar nicht vorhanden ist.

Als weiterer Vorschlag wird genannt, dass dem Nutzer eine Gutschrift oder eine andere Art von Vorteil angeboten wird, wenn er sich in der Mobile App registriert. Diese Vorgehensweise wenden häufig Konkurrenten mit einem ähnlichen Angebot an und sind damit recht erfolgreich. Die Durchführung einer solchen Initiative wird als technisch aufwendig eingeschätzt, und die Beteiligten fühlen sich nicht wohl damit, dass das Kernprodukt sozusagen bezuschusst werden muss, damit es für den Nutzer einen Wert hat. Eigentlich sollte dem Nutzer sogar ohne zusätzliche Maßnahmen klar sein, warum er das Produkt nutzen sollte. Wenn man dann sogar noch zusätzlich den Nutzer bezahlt, damit er das Produkt nutzt, führt das den Sinn des Produkts und des Unternehmens ad absurdum.

Eine zusätzliche Annahme ist, dass momentan gar nicht klar ist, warum die Nutzer sich nicht in der App registrieren. Zwar werden viele Hypothesen aufgestellt und gute Ideen gesammelt, die Nutzer sind aber eigentlich zugänglich und können befragt werden, warum sie die App nicht nutzen möchten. Mithilfe eines Fragebogens oder von persönlichen Gesprächen mit den Nutzern kann ein besseres Verständnis erreicht darüber, was die Nutzer daran hindert, sich in der App zu registrieren. Auf der Basis dieser Informationen können neue Hypothesen erstellt oder eventuell sogar das Ergebnis von durchgeführten Experimenten besser interpretiert werden.

Interessanterweise wird auch vorgebracht, dass manche Nutzer womöglich gar keine App nutzen wollen. Vielleicht wollen diese lieber das Produkt über ihren Computer bedienen und haben gar kein Interesse daran, das Produkt immer griffbereit auf ihrem Smartphone zu haben. Träfe diese Hypothese zu, könnte beispielsweise eine Webapplikation zusätzlich zur mobilen Version erstellt und den Nutzern angeboten werden. Dies wäre einerseits aufwendig und würde andererseits auch dem Kern des Unternehmensziels widersprechen.

Es gibt viele weitere Ideen der Beteiligten und es bleibt weiterhin möglich, diese bei der Dokumentation der User Journey abzulegen. Jedoch soll mit diesen Ideen zunächst weiter durch das Projekt geführt werden. Diese Ideen werden nun so gut es geht in Hypothesen umgeformt:

▶   *Hypothese 1: Wenn wir unseren Nutzern vor der Registrierung in der Mobile App drei weitere E-Mails schicken, dann erhöht sich die Registrierungsquote in der App.*

▶   *Hypothese 2: Wenn wir unseren Nutzern vor der Registrierung in der Mobile App zusätzliche SMS schicken, dann erhöht sich die Registrierungsquote in der App.*

▶   *Hypothese 3: Wenn wir unseren Nutzern die Registrierung in der Mobile App durch einen direkten Link in die App vereinfachen, dann erhöht sich die Registrierungsquote in der App.*

▶   *Hypothese 4: Wenn wir unseren Nutzern vor der Registrierung in der Mobile App die Dringlichkeit der Registrierung betonen, dann erhöht sich die Registrierungsquote in der App.*

▶   *Hypothese 5: Wenn wir unseren Nutzern für die Registrierung in der Mobile App eine Gutschrift anbieten, dann erhöht sich die Registrierungsquote in der App.*

Es fällt auf, dass zwei Ideen nicht in Hypothesen umgewandelt werden konnten. Die zusätzliche Befragung von Nutzern ist zwar sinnvoll, hat aber zunächst keinen direkten Einfluss auf die Registrierungsquote in der App. Diese Art von Befragung dient lediglich dazu, neue Ideen zu gewinnen und die Nutzer besser zu verstehen, die Anwendung ist also grundsätzlich sinnvoll. Es muss an dieser Stelle betont werden, dass diese Maßnahme Sinn ergibt und auch angewandt werden sollte, aber bereits ohne die eher aufwendig durchzuführende Befragung der Nutzer viele mögliche Maßnahmen definiert worden sind, die bei der Verbesserung der Registrierungsquote helfen können. Außerdem konnte die Idee der webbasierten App nicht in eine Hypothese umgewandelt werden, denn hier wäre das Ziel, eine Verringerung der Registrierungsquote zu erreichen oder eventuell sogar die Mobile App vollständig abzuschaffen. Dies entspricht nicht dem Unternehmensziel und wird dementsprechend auch nicht weiter als Hypothese formuliert.

14.4   Priorisierung der Hypothesen und Durchführung

Durch die Besprechungen der Ideen sind bereits einige Überlegungen zur Komplexität der Umsetzung der jeweiligen Ideen angestellt worden. Dabei werden einige Hypothesen als leicht durchführbar und mittelmäßig erfolgversprechend empfunden, andere werden jedoch als sehr aufwendig und kaum erfolgversprechend wahrgenommen. Diese ungefähren Eindrücke aus den Gesprächen mit den verschiedenen Teilnehmern sollten nun anschaulich für alle dargestellt werden. Hierfür bietet sich das im jeweiligen Unternehmen gängige Tool an, im einfachsten Fall ein Tabellenblatt zum Auflisten der Hypothesen. Zusätzlich zu den Hypothesen werden der Aufwand und die potenziellen Erfolgsaussichten dargestellt. Auch an dieser Stelle ist noch nicht entscheidend, ein Framework zu nutzen, welches versucht, genau zu beschreiben, wie aufwendig die einzelnen Maßnahmen sind. Vielmehr sollten noch einmal die zu Beginn diskutierten Eindrücke wiedergegeben und der Aufwand pauschal eingeschätzt werden („gering", „mittel", „hoch"). Schnell wird klar, dass insbesondere Hypothese 3 und 5 sehr aufwendig und mit wenigen Erfolgschancen verbunden sind, weshalb in einem ersten Schritt die drei übrigen Hypothesen als wichtigste Initiativen aufgesetzt werden. Die Priorisierung ist hier also nicht besonders aufwendig und erfordert noch kein allgemeingültiges Framework, weil die Anzahl der Hypothesen und die Größe des Teams dies noch nicht erfordern.

Im nächsten Schritt wird die konkrete Umsetzung der besprochenen Maßnahmen besprochen. Es wird sichergestellt, dass die Infrastruktur es ermöglicht, einen A/B-Test durchzuführen, was insbesondere bei den verschiedenen E-Mail-Maßnahmen wichtig ist, um die Wirksamkeit auch verlässlich zu messen. Glücklicherweise hat das Unternehmen ein Tool wie customer.io zur Verfügung, mit dem, wie oben schon einmal beschrieben, für alle drei Hypothesen Tests durchgeführt werden können. Statt der Ausführung von allen drei Experimenten, wird nachfolgend genauer auf den Aufbau des Experiments um Hypothese 1 eingegangen. Zur Erinnerung: Nach dieser Hypothese hilft es, mehrere E-Mails an den Nutzer zu senden, um ihn dazu zu bewegen, die Mobile App zu nutzen. Hierbei wird die Ausführung des Experiments genauer beschrieben, insbesondere wird geklärt, wann genau die einzelnen E-Mails versendet werden und wer dafür verantwortlich ist, die einzelnen Elemente der E-Mail zu erstellen. Es wird also ein Plan erstellt, der die zur Umsetzung des Experiments notwendigen Tätigkeiten beschreibt. Dieser Plan hilft insbesondere den Verantwortlichen zu verstehen, was ihre Rolle ist und bis wann sie einzelne Aufgaben erfüllt haben müssen.

Außerdem wird damit zugleich festgelegt, wie sehr sich die Registrierungsquote in der App erhöhen muss, damit das Experiment als erfolgreich bezeichnet werden kann. Hierbei lässt sich dann auch zugleich ableiten, wie lange das Experiment laufen muss, um diesen Effekt zu beobachten. Es wird beispielsweise von einem Effekt von mindestens 5 % ausgegangen. Nimmt man nun alle bekannten Variablen zusammen, also die Baseline von 83 %, einen Lift von 5 % und das Signifikanzlevel von 5 %, dann werden mindestens 914 User pro Variante gebraucht, um eine Entscheidung treffen zu können. Auf Basis dieser Anzahl von Usern und der Erfahrungswerte des Unternehmens kann nun die Länge des Experiments berechnet werden. Bekommt das Unternehmen beispielsweise 1000 Nutzer pro Woche, dann wird das Experiment ungefähr zwei Wochen dauern, um zu einem Ergebnis zu kommen. Neben dieser primären Metrik wird allerdings auch klargestellt, dass weitere Metriken wie beispielsweise die Unsubscribe-Rate zusätzlich beobachtet werden muss, um negative Effekte auszuschließen.

Diese Vorgehensweise wird auch für die übrigen zwei Hypothesen festgehalten.

14.5 Reporting und Durchführung

Die Experimente werden dann in möglichst schneller Abfolge nacheinander durchgeführt. Idealerweise werden alle Erkenntnisse und Besonderheiten, die bei der Durchführung des Experiments auftreten, festgehalten. Nachdem das Experiment also aufgesetzt wurde und mit hinreichend Nutzern erfolgt ist, geht es darum, die Ergebnisse des Experiments darzustellen. Die Darstellung und das Vorgehen beim Experimentieren sind von entscheidender Bedeutung, die Empfehlungen aus Kap. 9 sollten hier insbesondere beachtet werden. Es ist wichtig, an dieser Stelle besonders transparent sowohl gegenüber den Teammitgliedern, die bei der Umsetzung des Experiments geholfen haben, als auch gegenüber dem gesamten Unternehmen zu sein. Wurde beispielsweise im Rahmen des Experiments festgestellt, dass der gewünschte Lift erreicht wurde, dann sollte erklärt werden, dass dies nun zur Folge hat, dass grundsätzlich immer drei E-Mails an alle Nutzer gesendet werden. Übrigens: Auch wenn in einem Fall die Erfolgsmetrik nicht erreicht wurde, sollte es möglich sein, trotzdem eine Entscheidung zugunsten der neuen Variante zu treffen. Gäbe es also nur einen Lift von 4 % und es wird festgestellt, dass ansonsten keinerlei negative Effekte auftreten, so spricht nichts dagegen, trotzdem die neue Variante zu verwenden. Dies sollte allerdings transparent dargestellt werden.

Es sollte außerdem in einer Roadmap aufgezeigt werden, wie lange die einzelnen Experimente dauern werden und wann sie durchgeführt werden. Zudem sollte allerdings auch ein gutes Reporting erstellt werden, idealerweise in Form eines Dashboards, das die gesamte Registrierungsquote darstellt und auch die Registrierungsquote in Kohorten pro Woche angibt. Auf diese Weise ist immer der Kontext klar, in welchem das Projekt gefahren wird und es besteht weniger die Gefahr, sich zu sehr im Experimentieren selbst zu verlieren.

Die Durchführung der Experimente sollte anschaulich in einem unternehmensweiten Meeting vorgestellt werden. Dort wird insbesondere die Hypothese dargestellt und die Veränderung des Produkts im Vergleich zur Kontroll-Version. An dieser Stelle können nicht nur die durchgeführten Experimente dargestellt werden, sondern es können auch die Hypothesen gezeigt werden, die noch nicht in Experiment Setups umgeformt wurden. Die anstehenden und bereits ausgeführten Experimente sollten idealerweise in einem wöchentlichen Rhythmus präsentiert werden und nach der Durchführung des Experiments die zuvor vereinbarten nächsten Schritte angegangen werden, was in den hier besprochenen Fällen meist den direkten Einbau in das bestehende Produkt bedeuten würde.

The manufacturer's authorised representative in the EU is Springer
Nature Customer Service Centre GmbH, Europaplatz 3, 69115 Heidelberg,
Germany. If you have any concerns regarding our products, please
contact ProductSafety@springernature.com

Printed and bound by CPI Group (UK) Ltd, Croydon, CR0 4YY
28/04/2026
02098538-0018